认识你自己

认识你自己

认识你自己

U0402139

认识你自己

认识你自己

訾非 ——————————— 著

成长心理学

Growth Psychology

机械工业出版社
CHINA MACHINE PRESS

本书将精神分析理论知识与作者丰富的心理咨询实践经验和案例融为一体，探讨了人们在成长过程中关心的亲密关系、人格成熟、人格修复、原生家庭、成功、创造力、道德发展、生死等议题，这将为读者在成长过程中遇到的问题和烦扰进行答疑解惑，最终帮助读者塑造健康和成熟的人格。阅读本书，读者将收获一种全新的成长观：真正的长大成人不是指生理年龄超过18岁，而是指一个人既能保有孩子般的纯真，又能成熟到足以解决生活中各个方面的问题，即使有些能力暂时还没有发展完善，也依然在朝着自己选定的目标前进。

图书在版编目（CIP）数据

成长心理学 / 訾非著 . -- 北京 : 机械工业出版社，2024.8. -- ISBN 978-7-111-76487-8

I. B84

中国国家版本馆 CIP 数据核字第 2024NA0610 号

机械工业出版社（北京市百万庄大街 22 号　邮政编码 100037）
策划编辑：欧阳智　　　　　　　　　责任编辑：欧阳智
责任校对：甘慧彤　张雨霏　景　飞　责任印制：刘　媛
涿州市京南印刷厂印刷
2025 年 1 月第 1 版第 1 次印刷
147mm×210mm・8.5 印张・1 插页・183 千字
标准书号：ISBN 978-7-111-76487-8
定价：59.00 元

电话服务　　　　　　　　　　　网络服务
客服电话：010-88361066　　　机 工 官 网：www.cmpbook.com
　　　　　010-88379833　　　机 工 官 博：weibo.com/cmp1952
　　　　　010-68326294　　　金 书 网：www.golden-book.com
封底无防伪标均为盗版　　　　　机工教育服务网：www.cmpedu.com

前言 preface

《成长心理学》是一本关于人格成长的书。本书对人格的定义，沿袭了精神分析学派创始人西格蒙德·弗洛伊德的理论，即认为人格是由本我（本能冲动）、超我（以"应该"和"不应该"作为指导原则的道德之我）和自我（遵循现实原则，在本能冲动和超我原则之间起调节作用的心灵结构）三个方面构成的。

但对于什么是本我、超我和自我，我们并不能照搬弗洛伊德的观点。这是因为在弗洛伊德之后，精神分析以及心理学其他领域的学者在研究中得到的新证据，提示我们不能不对他的观点进行一些修正。

例如，弗洛伊德晚年认为，除了"生本能"（崇生畏死的本能），人类有一种引导自己的生命走向解体、从有机物变成无机物的"死本能"。⊖在他看来，自杀便是死本能驱动的一个典型的表现。如果一个人把指向自己的毁灭欲望转而指向他人，就表现为攻击欲。他认为纳粹对其他民族的攻击，便是这种自毁本能转向外部的结果。

我们可以理解弗洛伊德晚年面对纳粹对文明的破坏，尤其是对犹太人的迫害，所必然体验到的悲观和绝望，然而不论在人类个体的生命历程里还是在心理学的研究中，都难以确切无疑地找到弗洛伊德所定义的死本能的存在。他用来支持这个概念的证据大多比较牵强。

⊖ 弗洛伊德.自我与本我[M].黄炜,译.西安：陕西师范大学出版社,2021.

首先，攻击性是人类和非人类的动物都普遍存在的一种本能，不论是抵御侵犯，还是获得生存资源，攻击性都是多数动物维持生存的必不可少的动力。人类在其发展的早期阶段就表现出了相当激烈的攻击性，而这些攻击性显然不是出于自毁的需要。随着文明的发展，我们对于攻击性及其带来的破坏性越来越警惕，也终于开始对丛林法则进行口诛笔伐，这毫无疑问有充分的正当性，体现了人性的最终胜利。但是把人的"攻击性"这种动物本能等同于自毁性，在逻辑上和理论上都是说不通的。

其次，弗洛伊德认为人类在年轻的时候生命力旺盛，生本能（包括力比多，即快乐本能，以及自我保存本能，即逃避痛苦和避免死亡的本能）超过了死本能，故而崇生畏死，而步入中老年以后，死本能则逐渐超过了生本能，于是自我毁灭（促使自己回到无机状态）的欲望就占了上风。这个说法更是值得商榷。虽然老年人的自杀率高于中年和青少年，但自杀仍然是一种相对罕见的现象。而且多数自杀案例的主要原因在于逃离痛苦，在于绝望或生命尊严的丧失，当消除痛苦的其他方法出现（例如当绝症有了有效的治疗药物）时，自杀往往就不再成为一种选项。

放到整个生物界来看，自杀也是一种非常罕见的现象。在动物界观察到的自杀，也主要是与消除痛苦有关，即便雄性螳螂会把自己送到配偶的口中，其实现的功能也是后代的繁衍生息，实现的是一种在因果链上更为长远的自我保护，而绝不是为了配合大自然把生命打回到无机状态。大自然的确有一种力量，时时刻刻想要"解构"有机物和生命体，让它们回到无机状态。但这股力量主要是以疾病、灾难和来自其他生命体的攻击与吞噬等形式而存在的，即便真的存在一种

"自毁本能"，它的力量也似乎太微弱了——至少在人类过去的历史中是如此。

如果我们把追求与放弃、享乐与禁欲、战与逃、攻与防、展示与规避这些看似矛盾的成对动机看成促成和维系生存的对立统一力量，是生本能的具体形式，那么我们就不太需要引入"死本能"这个概念。

所以，当"死本能"的概念在理论和经验上尚不能有一个妥善的位置时，本书把这个概念搁置一边。而"生本能"这个概念则是本书所采纳的理解人类动机的基石之一。

我们如果注意观察生活，就能发现，人类有对食物的渴求、获得土地等生产资料的冲动、建立亲密关系的渴望、获得来自他人的肯定和赞美的需求、性需求……这种种动力，推动了人这种生命体的生长和繁衍。人类建立城堡和围墙、修建房舍、发展医药技术、为抵御意外而积累物质和金钱、抵抗侵略、改造环境……这些避免死亡的做法，对于生存繁衍也至关重要。生本能是生命冲动和自我保存冲动的集合体，它推动了个体的生存繁衍，保护了个体的存在，同时也带来了"求而不得"的痛苦以及对失败与死亡的绵绵不绝的担忧与畏惧。

本书主要是从"生命冲动"和"自我保存"这两个成分来理解本我（本能）。进一步说，由于本书所关涉的是"人格成长"这个主题，在探讨本我的成长时，本书将聚焦于我们的主观意识能够看到的那部分本我——自体（self）——的成长。

人格中本我的成长，其实就是自体的形成和巩固的过程。例如，一个新生婴儿，出于本能，会依恋母亲，从母亲那里获得滋养和保护。当母亲在身旁的时候，他便有踏实之感。他也会体验到他和母亲分离的痛苦和重聚的快乐。这些来自本能又被环境激活的体验在自我的参与和引领下逐渐变得完整、协调、充沛和平衡，成为自体的核心。自体的成长，意味着自体发展成相对稳定、完整和充实的样子，用精神分析自体心理学的术语说，就是发展成"内聚的自体"。如果人的自体不能发展为内聚的样子，就会表现得不稳定、破碎和空洞。他可能有时候会觉得自己是可爱的、有价值的，有时突然又觉得自己糟糕至极、不配生活在这个世界上。再如，在某些成长环境下，孩子只能展现"积极进取"的自己，内心的负面感受是不被允许存在的，久而久之，他的内在体验是割裂的。他的需求、兴趣和冲动都不被尊重，他努力按照别人设定的框架去生活，慢慢地，不知道自己需要什么，这种"内在的空心"状态亦是自体不内聚的表现。他也许在某些情况下能感受到积极进取带来的愉悦感和意义感，但在内心深处又觉得一切毫无意义。

本我固然是一类很强劲的力量——不论是生命冲动还是自我保存动机。而在人格里还有一种力量，它的影响力一点儿都不亚于生命冲动和自我保存动机，那就是超我。超我是人格的另一个部分，它告诉我们应该做什么，不应该做什么。如果我们做了超我认为应该做的事，我们就会体验到自豪感；如果我们做了它认为不应该做的，就会产生内疚感。就内容而言，超我是一系列律令和榜样，它们来自我们成长中的环境（比如权威要求、群体舆论、前人留下的道德故事和戒律等）。

与急迫的生命冲动和自我保存动机相比，超我的影响力经常显得并不那么"及时"，以至于它给我们一种软弱无力的印象。小时候，我们能看到乡间一些孩子成群地去偷瓜摸枣，置成年人的训诫于不顾，或者成年人有时在名利场上见利忘义，仿佛那些道德戒律只适用于约束他人。然而"应该"和"不应该"作为处世原则，会持续地改变一个人。所以我们能够看到一个成年人对当年偷瓜摸枣的行径耿耿于怀，甚至回头向那些利益受损者提供补偿，而其实那些"受损者"可能早已忘掉这些小小不言的损失。或者一个年逾古稀之人，回首平生时感叹当初年轻时不该那么轻易地被快感冲动所裹挟，放弃追求更有尊严的目标。

有些超我原则对人的影响比较缓慢，也许这正是超我的正常发展方式之一。如果在某种文明里，一个5岁的孩子必须像25岁的成年人那样在私有财产方面有着严格的归属意识，或者一个25岁的年轻人必须像75岁的老年人那样乐天知命，那么这种文明该有的活力也恐怕丧失殆尽了。

自豪感和内疚感是两种强烈的情绪，但比起本我冲动来，似乎力量不足。超我的最强劲的部分来自人们对社会排斥和群体惩罚的畏惧。而且人们在评价他人的行为是否道德时，往往会用比评价自己的行为更高的标准[一]。道德主要在群体中产生，超我的内容在很大程度上来自社会文化体系和群体舆论。每一种文化里都有一套人文经典，它们作为"人生指南""核心价值观"，指导着个体和群体的发展方向。

不过每一种文化里的人文经典往往是对理想人格的要求，在现实生活中，人们最为关注的超我要求往往与具体的时代精神有关。例如在中国传统社会中，孝道和传宗接代的观念是最牢固的价值观，但它们在《论语》这样的经典中并不是被强调得最多的。

超我在个体的人生和日常行为方面都提供了方向和约束。超我推

[一] 人在进行道德判断的时候，指向自己的道德判断较为宽松，指向他人的道德判断非常严苛，这种"双重标准"是非常普遍的现象。

动个体成为社会的一部分,所以超我的内容,那些以"应该"和"不应该"作为情态动词的指令,往往是在告诉个体怎样做一个社会人。每一种文化都以非常明确的方式告诉生活在该文化里的个体应该或者不应该怎样生活。所以毫不奇怪的是,我们看到文化和舆论(尤其在传统社会中)在提供超我的内容方面比较强调约束个体的欲望,提倡个体对群体的义务和贡献。

但是如果过分强调个体对群体的义务和贡献,又会带来个体层面的压抑和痛苦,这是传统社会的文化和舆论往往具有的特点。文艺复兴时期的人文主义思潮,可以说就是对中世纪的道德完美主义的一种反思。

当今社会诸多文化中的超我都有迎合个体欲望的倾向。一些人的价值观已经变成以"绩效主义"和/或"享乐主义"为主体。人生的价值指向获得极致的个人成功、最美好的肉体享受、最受欢迎的中心位置……传统文化中所约束的,一时间变成当下所提倡的。这不免就从一个极端走到了另一个极端。如果说个体很难成为传统文化中推崇的纯粹的公而忘私者,那么个体其实也很难得到极度的成功和极致的快乐。如果把后者当成"人生指南",在实践上依然是海市蜃楼。

如今的时代与过去的一个很大的不同,莫过于出现了一批富有的人,小康之家、衣食无忧者也大幅增加。于是就有了更多的年轻人可以从容面对生活和职业选择。但是,物质的丰富、生存压力的缓解,并不会自然地带来生命意义感的充盈和更多的独立精神。孟子提出"富贵不能淫,贫贱不能移,威武不能屈",其实是基于这样的观察:贫贱、富贵、强权,都在以它们各自的方式阻碍着人的成长。

本我是急切的、冲动的,超我威严强势,有完美主义倾向,这两股巨大的力量经常处于激烈冲突之中。好在人格中还有第三种力量——自我（ego），它能够在这两股力量之间担当调节的重任。

自我的功能之一便是设法处理本我冲动和超我要求之间的冲突。例如，一个去邻居的田地里偷瓜摸枣的孩子可能会安慰自己这是小事一桩。这就是自我迎合本我冲动和规避超我要求的一种方式。这种方式，和为数众多的其他方式，就是所谓的"自我防御机制"（或叫"心理防御机制"）。

当自我防御机制出现的时候，我们经常没有意识到自己在借此平息本我和超我之间的冲突，它们经常被我们无意识地使用，但如果它们被有意识地使用，心理学中有另一个词语来描述它们——应对方式。《三国演义》里曹操所言"宁我负人，毋人负我"便是这种人应对自己的内疚感的一种方式，这类人这么做是有意识的，与3岁儿童完全出于本能地忽略他人利益的行为大有不同，但使用这种应对方式的成人，很可能自懵懂未开的年纪起就一直在无意识地这么做，直到该方式变成有意识的行为。

当然，应对方式并不都源于自我防御，自我有意识地学习新的方法和习惯，也是生活中十分常见的一种现象。例如，一个在与陌生人交往的场合容易焦虑的人，发现有朋友用讲笑话的方式缓解尴尬的气氛，他也会慢慢习得这种方式，以至于每当与陌生人打交道，就变得妙语连珠，甚而把自我解嘲的能力发挥得炉火纯青，这就是一种通过学习和练习来掌握的应对方式。

不过把自我防御和应对方式清晰地区分开来，是心理学家们出于理论建构的需要，如果面对具体的人在真实情境中的所作所为，是很难把二者区分得很清楚的。一个在陌生人面前妙语连珠其实内心焦虑的人，完全清楚自己在做什么吗？如果他不是脱口秀演员，已经准备好了讲稿和笑点，而是一个为了缓解焦虑而即兴发挥的人，一定会有很多他在当下并不清楚的下意识举动。

另外，不论是自我防御机制还是应对方式，都并不只是用于解决本我冲动和超我要求之间的冲突。本我与现实之间的冲突（例如爱别离、怨憎会、求不得之苦）、超我与现实之间的冲突（例如舍生取义和苟且偷生之间如何选择）、本我与本我之间的冲突（例如鱼和熊掌不可兼得）、超我与超我之间的冲突（例如当个体处于"忠孝不能两全"的境地中时）……所有这些都可能需要自我防御机制和应对方式来解决。

自我防御机制或应对方式都可能随着年龄的增长而变得更加成熟和智慧。与年龄不相称的自我防御机制或应对方式是人格发展不顺利的一个显著特征。一个3岁的孩子去邻居家的树上摘果子，很可能像"掩耳盗铃"这个成语故事所描写的那样，把被"人赃俱获"的可能性排除在意识之外，甚至在"东窗事发"的时候矢口否认，即便手里还握着"罪证"。善良的邻居一定不会拿这个3岁的孩子的行为大做文章。如果一个孩子早早地接受了严苛的超我的要求，那么他的生命体验一定是痛苦无趣的。但如果一个13岁的少年把自己与别人的财产边界看得无关紧要，总是以"此事无关宏旨"来合理化他对别人利益的侵犯，其人格的成熟度便令人担忧。如果这是一个成年人的自我防御机制或者应对方式，则会令他人无法容忍了。

随着人格的成长，一个人对自己的自我防御机制会越来越有意识，而不总是无意识地使用它们。例如，一个5岁的孩子在妈妈的朋友递来巧克力时口是心非地说"不要"，很可能同时意识到了自己这么做是因为畏于妈妈在场（而不是像更小的时候那样只是"自动地"

按照妈妈的要求来做）。如果他的妈妈始终不置一词或者一口回绝，他很可能会有怨怼的情绪。但这些都说明，他已经能把"我想要"和"因为妈妈的权威性我不能直接要"这两种心理活动区分开来了。如果他此时并没有这种不满的情绪，唯一的体验是"因为妈妈不喜欢，所以我不能要"，从而把自己真实的感受隔离出去，那么这种解决内心冲突的防御方式尽管看似一劳永逸，但其实让一个孩子离自己的真情实感越来越远了。

自我的功能并不限于使用防御机制和应对方式，与自我有关的功能还包括共情与沟通能力、勇气（勇于做出改变，超越趋乐避苦的本能）、节制力、智识（经验、思维能力、判断力等）、超脱性等一系列心理能力。自我的这些功能，都有助于解决内在的心理冲突和维持人际关系，保证个体和个体所在的群体的生存。

成长是两个看似矛盾的目的的集合：①成长为群体中的一员；②成长为独立的人。虽然一些文化传统比另一些更加强调其中的某一面，但这二者原本是相辅相成的。过分强调其中一面的结果是事与愿违。

例如，把"极端的独立"体现得最明显的莫过于"分裂样"这种人格类型。分裂样人格者把自己与他人在情感和生活上隔离开来，对他人和群体乏有兴趣，似乎"不在红尘中"。虽然他不能成为群体的一员，不能对他人的生存有所助益，但是他在客观上又最需要他人和群体的"供养"，分裂样人格者往往会在事实上成为最具有依赖性的个体。

要真正成为一个独立的人，恰恰需要人际互动。在这种互动中，一个人才能够发展自己的个性（例如一个天生热爱思辨的人，必须通过与师长和朋辈的交流方能充分地发展属于自己的独特的思想),也正是在人际互动中,一个人才有可能不完全依赖他人(当他能以他独特的存在为其他人提供助益时,他才有可能真正做到自食其力,而不是成为他人的累赘)。

类似地,如果把"成长为群体中的一员"这个理念推至极端,也会来到它的反面——成为极端隔绝的人。当个性不被尊重,每个人都被要求按照同样的方式去感受,遵照同样的思维去思考,依照同样的信念去相信的时候,人与人之间的差别就消失了。由没有个性的人会聚成的群体,不但个体消失了,集体也消失了。这时所谓的集体是成堆的、成片的或成块的简单体,不会有复杂的结构,更谈不上是一种能够发展的结构。我们不能指望用砖头堆砌的房子会像一棵树那样生长,也不能期待一群圈养的羊会像一群野生狮子那样能够完成复杂的协作、实现组织的目标。

只有同时尊重个体与群体的价值,在个体与群体的互动中,个体与群体才能双双得以发展。在儒家的观念中,这就是由君子组成的"和而不同"的社会的样貌。

所以如果要描述一个健全的社会中成长良好的个体是什么样的,一定不是"独立的人"或"社会的人"可以概括的,而应该是二者兼有之人。成熟的人有独立性,有自己的想法,相信自己的感受,坚持自己的生活方式,但也有社会性,能尊重他人的想法,能够共情他人的感受,能欣赏他人的生活方式。他拥有独特的价值观,同时又抱有与大家一致的核心价值观。

独特性与社会性兼具的人格,要经历一个漫长的过程方能形成。人格在发展的起点上是"碎片化"的。例如,人的依恋本能在婴儿期就开始出现,并且表现得至为强烈,而本能中的性冲动,虽然在幼年开始萌芽,却是到青春期以后才会成为一种在强度上不亚于依恋的需求。把依恋需求和性的需求整合起来,就是青春期以后发展伴侣关系过程中要经历的心理成长。这个过程如果不顺利的话,伴侣关系中的依恋和性冲动之间的联系就可能是支离破碎甚至是相互冲突的。

再如,自我也会在成长中经历从各种功能"零碎地"出现到诸多功能被整合起来的过程。一个幼儿能辨识形状和听懂语言,但计算能力要到学龄期方能掌握,而共情能力、足够好的情绪调控能力这些自我功能要到成年期才能发展得比较完全。这些"各自为政"的自我功能,最终可能被整合成互相成就的整体,例如,一个成年人能够用合适的语言,基于对他人的感受和行为的较为准确的判断,与另一个人进行深入的交流。但是未能很好整合自我功能的个体,即便可以很好地理解他人的感受,却不知道如何进行交流;或者虽然"能说会道",却不能很好地理解他人的感受,乃至于不能掌握交流的分寸,显得"摇唇鼓舌",令人不堪其扰。

超我的发展亦类似。起初个体以行为是被惩罚还是被奖励作为行动的依据,而种种行为之间可能没有太多的联系,道德标准是碎片化的。一个摘了邻居家树上的果子的孩子遭到惩罚之后,他的道德判断可能是"不可以摘邻居家树上的果子",但是他未必能由此意识到把同桌的教科书拿回家也是类似的行为。只有进入学龄期以后,孩子才能逐渐把各种道德经验的碎片比较好地统合到抽象的"道德规范"里去,同时也能学会把道德判断限制在一定的范围内,而不是无限扩张。例如,一个青少年能够比较好地理解"你不可偷盗"这个规范的含义,他知道拿走同桌的教科书或者摘下邻居家树上的果子违反了"你不可偷盗"这个道德规范，但也知道拿走被同桌扔到垃圾桶里的书不必感到内疚，或者根据当地风俗，从一个关系要好的邻居家的葡萄树上摘下几颗葡萄可能无关乎道德。对于一个幼儿，他是无法进行如此复杂的道德判断的。所以，超我的发展之所以可能，不仅得益于超我的内容碎片的整合，其实还有赖于自我和自体（本我）的发展。当一个人缺乏"我的"和"他人的"、"我家的"和"他家的"这类判断能力时，其超我判断一定是不清晰的。

道德整合的最终阶段，不是把具体的行为标签化地定义为"道德的"和"不道德的"，而是以普适原则作为依据，结合具体情境进行道德判断。例如，一个孩子如果认为闯红灯是不道德的，他甚至会认为，即使是为了抢救人的生命，也不可以这么做，而一个成年人就会根据具体的情境来判断这个行为的道德性。例如，为了抢救人的生命，救护车可以闯红灯，此行为是根据"人命关天"这个普适原则做出的选择。

在发展起点上，自我、本我、超我之间的关系也是碎片化的，它们之间的冲突也需要逐步解决，以达到三者关系的平衡与完整。这种平衡与完整，意味着一个人逐步解决了内在的大量冲突和纠结，并有能力相对较好地共情和理解他人。在"碎片化"和"平衡与完整"之间，其实有一个漫长的发展过程。所以，人格的发展，大致要经过从"碎片化自体模式"（fragmented selves）到"自我中心模式"（self-centered）再到"主体间模式"（intersubjective）的发展过程。"自我中心模式"，在正常的人格发展中，是儿童青少年期（大致为3～15

岁）这漫长的十几年的"过渡阶段"的心灵的大致样貌。㊀

概言之，人格的发展，意味着个体从"共生的人"向"独立的人"、从"自闭的人"向"社会的人"的发展。而且，人格的发展又是在"社会"这个大环境——它也处在发展变化之中——的影响下发生的。社会本身的发展状态、它的健康程度，以及它是否平衡，经常为成长于其中的个体的人格发展奠定了基调、设定了阈限。

本书以精神分析的人格成长理论为主线，以发展心理学、进化心理学、人格心理学等其他心理学分支学科的理论为辅助，探讨人格成长这个古老的话题。

在这个时代谈成长，容易被认为是在贩卖"心灵鸡汤"，不过本书所探讨的成长与人际竞争和"内卷"没有关系，甚至也不是所谓的"成为更好的自己"，而是给自己一个机会，揭去一些遮蔽与窒塞，让心灵世界得到舒展。

《成长心理学》面向的读者包括临床心理工作者和对人格成长感兴趣的非心理学专业读者。我期望本书能够帮助临床心理工作者理解临床工作中来访者心灵内部发生了什么，也希望能帮助作为来访者和爱好心理学的读者理解自己和他人在人格成长的过程中的一些体验和现象，以及了解心灵成长的方向。

㊀ 事实上，出于种种原因，这个时期的人格发展如果不顺利，会导致成年后的人格的样貌依然停留在自我中心模式，成为所谓的"自恋型人格组织"。

目录 Contents

前言

第1章 何为成长 /3

推动成长的三种动力 /5

人格能达到的境界:先哲的观点 /6

人格成长的阶段性 /8

变化时代中的成长挑战 /13

成长的主题 /17

 人生目标 /17

 亲密关系 /18

 亲子关系和社会关系 /19

 如何思考、做决定和行动 /20

 提高创造性 /21

第 2 章　成长的方向：人格的健全与成熟　/ 25

　　人格是一种不断发展的结构　/ 26

　　　　本我与自体的发展　/ 29

　　　　超我的发展　/ 30

　　　　自我的发展　/ 32

　　　　自体、自我、超我之间关系的发展　/ 35

　　人格成熟、人格健全和人格障碍　/ 38

　　　　人格的初步成熟与选择　/ 38

　　　　人格健全但不太成熟　/ 44

　　　　人格障碍　/ 45

第 3 章　自体的成长　/ 51

　　内聚的自体和自体的需求　/ 57

　　　　镜映需求　/ 64

　　　　理想化需求　/ 69

　　　　孪生需求　/ 70

　　　　自体在关系中成长　/ 74

　　　　理想化和完美化的破灭　/ 79

　　　　孪生移情的理想化受挫　/ 80

　　多种多样的关系　/ 82

　　　　身体上的王子，情感上的孤儿　/ 84

　　　　成长的"垂直分裂"问题　/ 86

第 4 章　自我的成长：防御机制、应对方式与沟通能力的发展　/ 91

自我与防御机制　/ 93

　　成熟的防御与不成熟的防御　/ 96

　　多样的防御与单一的防御　/ 98

从防御机制到应对方式　/ 99

　　四种防御机制　/ 102

　　两种常见的应对方式：制订计划和随机应变　/ 110

共情与沟通能力　/ 111

　　施惠者偏差　/ 112

　　共情能力　/ 117

　　主体间沟通能力　/ 124

第 5 章　自我的成长：智识的发展　/ 129

"仿佛有道理"：我们思维的惯常状态　/ 131

与他人的意见保持距离：拥有智识的第一步　/ 133

　　权威的有限性　/ 133

　　群体思维　/ 136

　　群体思维与暗示性　/ 138

　　多数人的意见与少数人的意见　/ 140

　　经验的价值　/ 144

玄学的困境：警惕原始思维的迷障　/ 146

　　萨满思维的荒谬性和创造性　/ 146

　　隐喻的陷阱　/ 150

　　　　隐喻的价值　/ 154

　　逻辑推理和数字的魔术：警惕现代思维的偏狭　/ 155

　　　　数字魔术与科学精神　/ 159

　　警惕语言的暴力：发展智识应警惕的交流方式　/ 162

　　　　反问　/ 162

　　　　诱发恐惧感　/ 164

　　　　诱发内疚感　/ 166

　　　　诱发缺乏根据的希望感　/ 168

　　　　诱发对后悔的恐惧　/ 170

　　开放性思维与有效的争论　/ 171

第 6 章　自我的成长：勇气和节制力的发展　/ 177

　　自我与勇气　/ 180

　　　　勇气的类型　/ 182

　　　　勇气的实践　/ 193

　　自我与节制力　/ 196

　　勇气的培养　/ 198

　　　　有意引入不确定性　/ 199

　　　　挑战心理舒适区　/ 201

　　　　和有勇气的人在一起　/ 203

　　　　培养勇气的练习策略　/ 204

第 7 章　自我的成长：超脱性与正义感的发展　/ 209

　　自我中心的悖论　/ 210

意义感的悖论　/ 210

"美好生活"的悖论　/ 215

超脱的两种方式　/ 217

幽默感　/ 217

对生活的超然态度　/ 218

公平感与正义感　/ 220

第 8 章　超我的成长　/ 225

道德判断发展的阶段性　/ 228

道义内容的相对性：文化和亚文化冲突　/ 233

网络时代的亚文化冲突　/ 239

文化成长　/ 240

疗愈超我和超我的疗愈作用　/ 243

疗愈超我　/ 245

超我的疗愈作用　/ 246

心理的发展是一个阶段接着一个阶段推进的，并不能跨越和忽略掉那些必然的过程。至于成人阶段，现代心理学也早已超越了孔子的"三十而立，四十而不惑，五十而知天命"的大致观察，对不同年龄段的个体所面临的生理、心理、环境状况有了更为细致的认识。

第 1 章

何为成长

Chapter 1

也许因为职业的缘故，我喜欢的美剧，诸如《老友记》《破产姐妹》《生活大爆炸》等，多是成长类的故事。在此类作品里，"人格成长"这个千古话题，被用可触、可感的形象和故事演绎出来。它们或许有些"鸡汤"，或许有点好莱坞式的正能量，但在观众们的火眼金睛长期的观察之下，角色们的每一步变化，每一点成长，基本上经得起推敲。

和我一样喜欢此类连续剧的人不少，不期然就能碰到一个，我们谈论起剧中人物时，通常跨越了专业，跨越了年龄，我们仿佛变成了同一个村子来的人，相互提醒着那些熟悉的景致。在绝大多数时候，这种交流不是聚焦于剧中演员的八卦（我们甚至大多不记得这些主角在荧幕之外的身份），而是对人物的风格秉性、情感模式和性格发展津津乐道。在这个过程中，一部优秀的作品所展现、所探讨的东西得到了延伸。这样的连续剧经常一拍就是很多年，演员们都已经厌倦，观众们却乐此不疲。

我把此种情况看成当代人的一种新情怀和新"宗教"——人们渴望成长，希望用这种方式了解自己。他们从剧中的角色里去寻求认同的对象，借鉴可行的方法，在角色的陪伴下获得人格上的发展。

推动成长的三种动力

心理学家科胡特曾提出一个观点：作为人类，我们终其一生都需要他人的陪伴，只有这样，方能巩固我们自身的存在，完全独立于他人而"成为你自己"是不可想象的。他还指出，我们对他人有三种需求：①需要来自他人的理解和认可；②渴望归属于强大的他人、机构或者社群——以此获得安全感和力量感；③我们还有一种需求，当我们看到他人和我们做着同样的事情，哪怕是挣扎在同样的不幸中时，我们也会感到自己的所作所为是值得的、有意义的和有希望的。

科胡特把第一种需求称为"镜映需求"。能给我们提供理解和认可的人，就是我们的"镜映自体客体"。第二种需求被科胡特定义为"理想化需求。"提供安全感和力量感的他人，就是我们想要归属的"理想化自体客体"。第三种需求被科胡特定义为"孪生需求"。提供这种需求的他人，就是我们的"孪生自体客体"。"孪生"这个词是一个比喻的说法，"孪生自体客体"就像孪生兄妹一样，和我们一同成长，和我们有着相似的愿望和做法，也正因为如此，我们对这些愿望和做法有了正当感。

当我们看着《老友记》中的人物同我们一样经历经年累月的缓慢成长时，我们也意识到了我们自己的成长需求，认识到了这种需求的正当性，发现了成长的可能性。可以说，已经有一代又一代人是伴着各种成长性的连续剧长大的。这种剧中的人物也扮演了观众的孪生自体客体的角色。

青年人渴望成长，这是任何一个有活力的社会的首要特征。

在这样的地方，成长几乎具有一种宗教性，近乎一种信仰，它给人带来信心和力量。关于成长的连续剧，则是针对这种需求应运而生的。

当然，在这个时代，人们追求的东西不一而足，金钱、权力和爱情是最为常见的，但是没有人格的成长，这些东西难免成为空中的楼阁、沙滩上的城堡。我遇到过很多财务状况良好、身体康健、工作体面的来访者，他们可能毕业于中国最好的大学，在经济上没有经历过困窘，在爱情方面似乎也无往而不胜，却每每提出这样的问题：人终有一死，我得到的这些终究会失去，甚至人类作为一个物种也终有消失的那天，我的奋斗有什么价值？

很多人都带着这样的困惑努力活着，一边怀疑自己努力的意义，一边很认真地批判自己还不够努力、担心自己会被淘汰和抛弃。事实是，如果没有心灵的成长，一切外在的成就最终会幻化成数字。而且更为矛盾的是：外在成就的获得，反而会加深内心的无意义感。

人格能达到的境界：先哲的观点

雅典黄金时代的领袖伯利克里（约公元前495—前429年）在雅典阵亡将士葬礼上那场著名的演讲中说道，"雅典公民热爱高贵典雅的事物，但没有因此而过于柔弱""把财富当作可以利用的东西，而不是当作可以夸耀之物""真正的屈辱不是贫穷本身，而是不与贫穷做斗争"。伯利克里还说，"雅典人从事冒险事业的时候，能够对它深思熟虑，而不是像其他城邦的人那样是出于盲目无知。

雅典人既关心公共事务和政治，也关注自己的私人事务。他们在施惠于人的时候不是出于算计得失，而是出于一种慷慨大度的信念"。伯利克里认为，世界上没有人像雅典人这样，在个人生活的许多方面如此独立自主、温文尔雅而又多才多艺。

伯利克里所描述的这种人，颇类似于一百多年以后孟子对于"大丈夫"的描绘：贫贱不能移，富贵不能淫，威武不能屈。

比伯利克里稍早一些的孔子在《论语·雍也》中对人的境界也做出了类似的概括，他认为：质胜文则野，文胜质则史，文质彬彬，然后君子。在孔子看来，一个君子应该有直率质朴的一面和好礼典雅的一面，如果只有前者，则表现得粗枝大叶甚至粗鲁，如果只有后者，就不免虚浮孱弱。"质"与"文"兼而备之，整合为一体——"文质彬彬"，才可以造就一个君子。然而不幸的是，后世的儒家教育，似乎并不能真正发展与维护这种人格平衡，乃至于"文质彬彬"这个词，都逐渐异化成了"气质文雅，彬彬有礼"的意思。儒生的文弱，在欣赏者的眼中是"文质彬彬""谦谦君子"，在批判者的眼里是"迂腐伪善""百无一用"。这肯定是孔子所不愿意看到的。

孔子对人性还有另一个与伯利克里相似的看法。他说："不得中行而与之，必也狂狷乎！狂者进取，狷者有所不为。"如果你需要朋友，周围没有那种中庸平衡的人，那就只好结交那种狂放不羁的人，或者认真谨慎的人。这两种人各有所长，前者有进取心，敢作敢为；后者讲原则，洁身自好。但是他认为，合格的君子应该是中庸的。这与他的"文质彬彬"论是同一种看法的两种表达方式。可惜的是，后世之人把"中庸"偷换成了"甘于平庸""不耻人后，不为人先"甚至"随大流"等含义。

"贫贱不能移"这个品质，在孟子之前，孔子就以另一种方式描述过。他在评论弟子颜回时说："贤哉，回也！一箪食，一瓢饮，在陋巷。人不堪其忧，回也不改其乐。"

孔子这番话并不是在鼓励贫穷，而是赞扬颜回这个人的人生态度：在穷困之中也可以保持乐观，尽力而为。他说："君子固穷，小人穷斯滥矣。"在贫贱的时候，内心也应该坚定巩固，不失节操。而后世之人把"君子固穷"也做了他解，似乎君子就应该固守贫穷，不穷不足以称为君子。

如果孔子能碰到伯利克里，他一定会觉得自己在人格成长的看法上与之心有戚戚。孔子会说，他所欲培养、所要期待的君子，也就是伯利克里所描述的人物。

人格成长的阶段性

孔子、伯利克里等先哲，对于人性能达到的最高境界，已经描述得清晰了然。但对于人如何才能在心理上从一个懵懂婴儿长大成人，他们所提供的经常不过是一两句感叹。

孔子曾抱怨道："……小人难养也，近则不屑，远则怨。"小孩子的心理实在让圣人费解：为何你对他们很好的时候，他们就"爬到你头上去"；你对他们疏远严厉，他们就抱怨你。

当我们换一个视角，不难发现孩子们有很多宝贵的品质是我们成年人望尘莫及的。比如他们在遭受父母的责罚甚至棍棒交加后，转眼就原谅了他们。而成年人，若是遭受了他人的这般对待，恐怕恨不得将对方食肉寝皮。孩子们之间就算发生冲突，即使发誓再也不相互来往，然而不到第二天竟能和好如初。

人类的文明史虽然悠悠数千年，但是对于人的心理发展过程，探索得远不如对于物质世界那么深入。谈到发展与教育，口口相传的依旧是"少时偷针，长大偷金""三岁看大，五岁看老"之类的缺乏根据的臆断。直到现代心理学迟迟诞生之后，我们才意识到儿童不是"小大人"，心理的发展是一个阶段接着一个阶段推进的，并不能跨越和忽略掉那些必然的过程。至于成人阶段，现代心理学也早已超越了孔子的"三十而立，四十而不惑，五十而知天命"的大致观察，对不同年龄段的个体所面临的生理、心理、环境状况有了更为细致的认识。

现代心理学的研究成果表明，人在发展的每一阶段都有其特殊的心理面貌，长大成人不是用模子塑造石膏像的过程，而更像是摸索着盖房子的过程，每一步都牵扯众多。发展心理学指出，人的发展包含智力、情绪、人格与社会性等诸多方面。本书所涉及的"成长"概念，实是指人格与社会性的成长。

在人格的发展阶段方面，美国著名的精神分析学家爱利克·埃里克森提出了一个比孔子的观察更为详尽的理论。他说，人从出生到死亡，人格要经历八个发展阶段，在每一个阶段，人都要解决该阶段最为重要的发展议题。他认为，一个人从出生到1岁左右是基本信任感的发展时期，如果信任感成功获得，他就会是一个内心充满安全感、满怀希望的人，否则他就会对世界和他人充满不信任感和恐惧情绪。

在1～3岁这段时期，是一个人发展自主性的时候，自主性的正常发展使这个人拥有足够的自控力和意志力，如果这个阶段的发展受挫，他就会是一个容易自我怀疑的人。

3～6岁则是孩子发展主动性的时期，如果顺利，就能成功地发展出主动性，对自己的生活有很强的方向感和明确的目的感，否则就容易体验到无价值感。当主动性的发展不顺利的人试图遵照自己的想法与目标去生活时，会有强烈的内疚感。当他不能找到自己的方向时，内心会弥漫着无价值感。

6～12岁这个人生阶段，也就是小学时期，是一个人发展勤奋、应对自卑感的时期。经过这个阶段的顺利发展，他会拥有"勤奋"这个品质，乐于并善于学习新的技能，否则他会经常体验到无能感和自卑感，变得墨守成规。

12～18岁，也即青春期阶段，此时青少年努力寻找自己可以认同的角色，以解决"我是谁"的问题。如果这个时期的探索未能完成，他今后可能常有"不知道自己的位置在哪里"的体验，对自己的角色难以确定。

18～25岁，也即成年早期阶段，是一个人发展自己和他人的友谊与亲密关系的重要时期。如果这个阶段发展良好，他就能够建立足够好的社会关系和家庭，反之则容易变得孤僻，更愿意选择与他人疏离的生活。

25～65岁，成年中期，此时一个人会体验到自身生命的停滞感。生育和培养后代，或者发展事业及培养接班人，就是他战胜停滞感的途径。这个时期被埃里克森称为"繁殖对停滞"的阶段。

（发展事业和培养接班人也是一种抽象意义上的繁殖。）

65岁之后的成年晚期，在埃里克森看来是一个自我整合的时期。如果一个人回首往事，觉得自己一生过得充实，就会体验到完整和满意的感觉，否则就可能会对自己的人生感到失望和沮丧。

人本主义心理学家马斯洛认为人类有一个从低到高的需求序列：生理需要、安全需要、归属和爱的需要、尊重的需要、自我实现的需要。马斯洛指出，在较低的需求基本得到满足的情况下，更高层的需求才变得迫切。他还认为，在自我实现的需要之上，一些人最后还可能达到超越个体需求的阶段，即所谓超个人的阶段。

马斯洛的需求层次理论试图说明的是，在较低一层的需求得到满足之后，较高一层的需求才变得强烈，如果从人的终身发展来看，我们能发现在人生的不同阶段，这些需求的"巅峰时期"也有先后顺序。

我们可以观察到，刚出生的孩子，所需要的就是吃喝，妈妈的怀抱和他的家庭能满足他最基本的安全感的需求。等到孩子上学之后，他可能想成为一个好学生，成绩优异，被别人喜欢。再过一段时间，他到了青春期，开始叛逆，他渴望成为他自己，活出个性。到了中年以后，他可能会对宗教或意义之类的终极问题感兴趣，而把人世间的竞争、利益看得淡一些，会有一种更为超然的生存态度。他可能会比年轻时更加关心整个社会的和谐与他人的幸福。所以，马斯洛对于需求的概括，放到终身发展的时间维度上，就与埃里克森的人格成长阶段观点有相似性，也有互补性。

埃里克森对人成长的阶段性的划分固然详细，但它是基于埃里克森本人对人生的观察和体悟，这与孔子归纳"三十而立，四十不惑，五十知天命"的人生发展阶段论的方式是很相似的。这种归纳抓住了人在不同的年龄段经常出现的发展特点，但是在理论上显得有些绝对化。

诚然，越是早期的阶段，年龄和发展议题的对应关系越牢固。例如，0～1岁的孩子是不是得到了来自母亲足够好的照顾，与他们对他人有无信任感之间有着非常强的因果关系。传统社会的孩子如此，我们当下社会的孩子也是如此。然而对于人生发展较为靠后的时期，埃里克森所概括的成长主题与年龄的对应关系是较为松散的，另外也没有考虑到时代性。例如，一个人的友谊和亲密关系发展的关键期是18岁以后，还是在进入青春期以后就开始了？就我在咨询室中的观察来看，似乎后者更准确一些。再如，就"繁殖对停滞"而言，当代在大城市生活的年轻人普遍把在30岁之前生育子女或者决定终身工作的方向看成操之过急之举。他们"繁殖对停滞"的需求占主导地位的时期要比传统社会里的个体出现得晚一些。

另外，埃里克森所指出的人格发展的每一个议题，其实都有可能在特定的那个阶段没有被完成而被留到了以后。或者更确切地说，虽然某个发展议题是某个阶段的主要议题，但是在后来的年龄段里它依然可能会成为议题之一，甚至在某些情况下变得尖锐而再次占据主导地位。例如，虽然精神分析认为一个人发展自主性的重要时期是1～3岁这个年龄段，但是到了青春期，这个议题一时间又可以变得很尖锐。这一次尽管它在形式上依然是对自主性的寻求，但在内容上与上一次显然有所不同。1～3岁的孩子，吃饭的时候要用自己的手去拿食物，讨厌别人用勺子喂他，要自己去尝试摆放玩具而不是让别人帮他整理。而青春期的年轻人，自主性则表现在发展自己的兴趣、爱好和朋友圈上，讨厌来自上一辈人的指导和控制。到了中年时期，他可能还会经历一次自主性的敏感期，例如，他也许会断然放弃某个在别人看起来不错的职位，而开启自己的事业。

如果我们对生活多有观察，就会发现，除了自主性，人格发展的其他议题，诸如信任感、主动性、亲密感等，都不仅仅会在某个阶段出现，它们的解决也都不是一劳永逸的。

人格发展的阶段性还意味着，如果把后期要解决的议题提前，那么就像在挖地基的时候打桩，或者在立柱子的时候就仓促建墙，很容易扰乱个体正常的发展节奏，虽用心良苦，结果却适得其反。例如，有一些父母为了培养孩子的独立性，在孩子刚出生的时候就克制自己不去照顾和抚爱孩子，这样的孩子长大后内心其实特别渴望有所依靠，一旦有机会卸下虚假的独立，就可能突然变得一蹶不振。个体发展的每个阶段都有每个阶段的任务，一个拔苗助长的教育者，往往不如一个耐心从容的陪伴者。

变化时代中的成长挑战

美剧《老友记》是在 1994～2004 年推出的，讲的是美国纽约一群年轻人的生活。此剧第一季，这群人的年龄设定在 25 岁左右。等到这部剧结束时，他们都已经 35 岁前后了。从 25 岁到 35 岁，这 10 年时间，他们所要解决的人生议题，诸如要不要结婚、和谁结婚、要不要孩子、做什么工作，等等，其实是他们的上一辈人在这个年龄已经解决了的。我们可以看到《老友记》里的年轻人，在25岁到35岁之间，内心里矛盾重重，进退维谷。一方面希望自己能够事业成功，能有稳定的感情；另一方面，他们可能又会觉得事业是一种压力，甚至觉得工作是让自己被困住的东西，感情似乎亦复如此。成长于后工业社会的这群年轻人，在大学毕业之后，对生活的漫长探索才刚刚开始。

在成长过程中，一些愿望变得明确了，一些感受变得清晰了，这些人的情感慢慢地稳定下来，他们也找到了自己喜欢的工作。这群人在25～35岁时不着急走入人生的下一步，而已经走到了下一步的，比如罗斯，事业体面，妻子貌美，孩子可爱，但他的生活也因为妻子的"出柜"而被迫打回原形，不得不重新探索。

在传统的社会里，人一生的大致样貌在20岁之前就已经确定不变了，或者在工业社会里，在大学毕业后不久，人生的主要议题都会被迅速解决。而在后工业社会不复如此。

我们中国现在也进入这样一个转型期，也在走向后工业社会，也会遇到相似的议题。

在咨询室里，我经常会碰到来访者声称自己"不想长大"。一个青春期的女孩可能会告诉你，她不想发育，不想成为一个女人，希望永远做少女。一个高中生可能对学习知识和技能并无兴趣，希望待在家里或者游戏厅里消磨时日。有的大学生对任何专业都不感兴趣，在性和网络游戏里流连忘返，而在大学要毕业之时却突然试图通过考研究生的方式继续留在学生时代。有人害怕和谈了多年的女朋友或者男朋友确定关系，觉得与一个人长久相伴是件恐怖的事情，养育儿女更是难以想象。一些进入婚姻的伴侣，难以承担丈夫或妻子的角色，不会沟通也不愿意沟通。有的则在任何一份工作里都待不长久，总觉得自己所做的不是自己想要的。一些人不能走出家门去面对生存的现实和复杂的关系，而是躲在家里漫无目的地过日子，或者假想奇迹会在自己身上发生。一些做父母的人甚至跟自己的孩子都很难建立情感联结，待在自我封闭的世界里。这些不想长大的人，如果去了解其成长经历，经常发现其在发展的诸多阶段碰到了困难。

我们这个时代物质越来越丰富、信息越来越发达，但是人们在成长方面的困惑并没有比以往的农业社会和工业社会少一些。在如今的后工业社会，人们经常提出"人为什么要长大""人为什么必须成熟""人为什么必须成人"之类的问题。这样的问题在比较贫困的农业社会里是站不住脚的，在比较辛苦的工业社会，也不称其为问题。在如今的时代，一个人不承担社会角色，不在人格上成长，并不一定会体验到生存的危机。丰富的物质生产和人道主义的价值观让人的生存环境变得轻松了。在传统社会和工业社会，人的成长多多少少是在环境的压力下被动地发生的。来自生存的挑战是他们最大的成长动力。

经常听到一些父母抱怨：孩子没有自己小时候争气，对生活的态度没有自己小时候严肃。他们很少意识到，他们小时候生活的贫困和机会的贫乏，给他们的性格成长带来了空间。他们努力想让孩子避免自己小时候遇到过的艰难困苦，用他们自己的意愿填满孩子的生活，却又希望孩子具备自己当年的品质，这本身在逻辑上就是自相矛盾的。当然，有的父母会意识到这一点，从而努力给孩子创造一个不那么舒适的环境，结果却发现孩子并不感谢他们的良苦用心，反而认为受到了不公正的对待："为什么别人家的孩子都不是这样的？"

所以，在一个富裕的社会里，成长反而更不容易。基本需要的满足未必引来高层需要，人们更多地淹没于基本需要满足的快感之中。

历史学家阿诺德·约瑟夫·汤因比（Arnold Joseph Toynbee）在思考历史上的一些文明之所以能发展和兴盛时说："正是挑战，带来了文明和发展的机遇。"他的这个思路用来理解人格的发展也是比较恰当的。人为何愿意承担社会角色并在性格上成熟？那是因为他们想要在环境的挑战中存活下来。挑战激发了人的行动和思考，激发了人的勇气和自我约束力，使人学会与别人沟通、合作。挑战甚至激发了人在遭遇不幸时的乐观主义精神以及对于公平正义的更深刻的理解。

在后工业社会里，似乎人的每一个阶段都在延长。大学教育的普及使多数年轻人在18岁到22岁时依然生活在真实的挑战之外。当他们走出大学校门时，他们对这个社会的理解才刚刚开始。

当今时代推动人格成长的外在动力也许并不那么充足，但是当下社会的个人因为受教育程度的增加、也由于科学和人文的发展，对于人性能达到的境界有了远比前人更清晰的认识。即使人格成长的外在压力在慢慢减退，改变自己、希望自己的人格更加完善的内在动力在某些人身上依然是强劲的。

而且，在后工业社会里，我们每个人的角色经常在变动之中——不论是在社会上还是在家庭中。"我是谁"这个问题绝不是过了青春期就不再是个问题。在一个永远变动的世界里发现"我是谁",找到让自己满意的角色,这本身已经成了终身挑战。而这个过程,可以成为发展的持久动力。

成长的主题

在心理咨询工作中,我发现有一些话题反复出现在咨询室里。我听到的最频繁的话题莫过于以下几类:人生目标(职业兴趣,想知道自己做什么可以做得好);亲密关系;亲子关系和社会关系;如何思考、做决定和行动;提高创造性。

人生目标

"人这一辈子该怎么过?""人活着的意义是什么?""我想按照自己的想法去做,而不是听父母或其他人的,但万一将来后悔怎么办?""我是应该听从权威,还是应该听从自己内心的声音?""我爱的人不爱我,爱我的人我又不爱,我该怎么办?""我们为什么要照顾那些肆无忌惮的人的感受?"

反复提出这些问题的人,往往深刻而且敏感,对于观念上的困惑和自相矛盾总想弄个水落石出,宁可终日苦思冥想也不得过且过。我总是带着佩服之情看待他们思维的深度与广度。

有个大学生,在读中小学时成绩优异,他也非常努力。十多年来的目标都是考入国内最好的大学。但是高考的时候发挥不好,未能如愿。

"我整个地就垮了下来。"他对我说。在大学第一年，他几乎没有进过教室。他觉得这所普通的大学就是"垃圾收容站"。"坐在教室里，就是跟一群失败者混在了一起。"

"老师，我该怎么办呢，就算我努力考上一所双一流大学的硕士，我的履历上'本科'一栏还会是这所大学。"

当一个人面对偏见和不公时，只有健全的人格能让他免于沦为它们的牺牲品。而健全的人格的获得，却又是一个极为复杂的话题。如果不那么健全的环境塑造了不那么健全的内心，那么这不那么健全的内心如何有机会成长为健全的人格，去抵御不那么健全的环境呢？这听起来像个悖论。

亲密关系

亲密关系是另一个经常被来访者带到咨询室里的主题。最近一些年，有一种相似的故事经常被我的来访者或者我督导的咨询师的来访者所讲述：一个高中或者大学男生，坚持不懈地追求他的女同学，一年、两年、三年……直到最后如愿以偿，对方在数年的拒绝之后终于答应了这个坚定不移的追求者。（在性别平等被频繁提及的今天，不少女孩也加入了这种单方面坚持不懈追求的大军。）这犹如韩剧般的情节听上去挺美好。可是这样的追求者把被追求者当成宝石珍玩一般的存在来对待。他们像爱物品一样地去爱一个人，这番努力越执着，越是意味着他们并不知道如何去爱一个人。即便那个被爱的人出于种种原因接受了这份爱，那种体验也带有相当多的容忍和将就的成分。这个追求者经过努力，终于得偿所愿，于是便可能按照自己内心的期望去装扮、使用和抛弃那个被追求者。

人和物品的不同之处在于，人是有内心、有意愿的。足够好的关系只能建立在两情相悦、心灵相通的基础上。可是很多的人在成长中缺乏"两情相悦""心灵相通"之类的体验。他们也许被父母当成珍品一样地爱着，但是内在的感受并没有被父母理解，长大以后当然也难以去理解别人，只会重复父母对待他的方式去对待别人：倾注了大量的热情，却并不能理解那个被爱的人的内心。当然，也有些人小时候像"次品"那样被忽略，他们内心的体验更没有机会被父母看到。他们也因此忽略自己内在的感受，或者过分陷在感受里无法自拔，难以学会与他人在心理层面相互理解和互动。

亲子关系和社会关系

在咨询室里谈论亲密关系，几乎总是会追溯到一个人小时候的亲子关系。正如上文所述，很多父母像爱珍品一样爱孩子，或者像对待一件废品一样忽略孩子。但是孩子既不是一件没有感受的瓷器，也不是一件没有感情的被报废的工艺品，他们每个人内心都有一个广阔的世界。如果这个世界不被父母看到，它就可能像没有人居住的沙漠一样孤独空旷。也许这个世界有很丰富的内容，但是由于长久无人造访，等到终于有人到来时，它的主人就会不知所措，进退失据。也有的人内心世界被来自父母的要求所填满，心灵变成了储存他人观点和命令的仓库。

从亲子关系中发展出来的人际关系能力，深切地影响着一个人与家庭之外的其他人的关系。如果孩子在发展中得到了来自父母的——或者充当父母角色的其他人的——足够的引导、鼓励、倾听、理解、尊重、交流和适当的挫折，他就拥有一个在家庭以外的环境中建立良好关系的基础。当然，家庭之外的环境与家庭环境大有不同，一个人在求学期间与学校、教师、同学的关系，在进入社会之后与单位、上司、同事的关系，也在塑造着他的人格。对于一些在家庭之内未能得到足够好的关系，在人格发展上受到阻碍的人，社会关系甚至有可能具有疗愈作用——如果他的社会关系没有因为他在原生家庭里形成的特殊情感模式而失败。

有些人在进入学校，或者进入社会以后，很幸运地经历了种种足够好的关系，人格的成长得到促进。有些人则碰到了缺乏滋养性的环境，颇受伤害性或迫害性的关系的损害。不过当一个人有着比较坚固的人格基础时，他承受逆境的耐力会相对强健一些，而且更有勇气离开伤害性或迫害性的环境。

心理咨询中的咨访关系，是对社会关系的一个补充，也可以说是一种特殊的社会关系。它可以对不利的现实关系起到补偿和修复的作用，对人格成长有所促进。

如何思考、做决定和行动

在如今的咨询室里经常会有一类来访者：虽已大学毕业工作多年，在换工作、找男/女朋友、买房诸如此类的事情上仍然不知道如何自己做决定，非常倚重父母的意见，把决定权交给他们。而且他的父母还很乐意替他做决定。大到工作、婚姻，小到装修布置，他都以父母的意见为准。

难以从父母那里独立，也影响了一个人进入社会之后与权威的关系。有的人在面对权威时很容易关闭质疑的大门。有的人则困惑于是应该相信自己的判断，还是权威的说法。也有的在不同的权威之间无所适从。也有的人，对权威的态度波动于两个极端，要么对权威言听计从，要么满怀彻底推翻的激情。用精神分析的术语来说就是，"波动于理想化和妖魔化之间"。

提高创造性

如果你问一个人："创造力重要不重要？"他大概率会点头称是。但如果你追加一句"你对自己的创造力满意吗"，就很难听到自我肯定的回答了。

我们不难发现，如今每一个领域都对人的创造性有着越来越高的要求。不用创新，因循惯例就可以得过且过的工作越来越少了。很多年轻人都迫切希望提高自己的创造力。

在心理咨询工作中，我听到的与创造性有关的问题大致可以分成三种。第一种是被创造性思维的匮乏所困扰。例如在学习阶段，尤其是需要完成论文的时候，苦于没有想法。在工作的时候，苦于缺少创意或创造性地解决问题的能力。第二种是，虽然总有各种奇思妙想，但是很少有创造性的成果产出。第三种是，一些从事创造性工作的人，怀疑自己的创造力不是一流的，觉得如果不能做出一流的作品，还不如干脆早早地急流勇退。

遗憾的是，我们虽然身处一个重视教育的国度，但是在教育过程中激发学生的想象力和创造力却并不是教育者普遍擅长和习惯做的事情。许多人走出校门后，要从头开始学习创造性思维。他们时不时地把这方面的困惑拿到心理咨询师面前来谈，也就毫不奇怪了。

以上五类议题，都属于人格成长的话题。其最核心之处莫过于独立和依赖的矛盾统一。成长是一次又一次分离，成长也是各种新的结合。只有成长，才能解决成长带来的问题。个人如此，一个社会亦复如此。人格成长的方向是人格的健全与成熟，下一章将聚焦于"何谓人格健全与成熟"这个话题。

一个成熟的人，首先就不会认为这个世界上有那么多关键的选择，不会相信一旦选择了，就能一切皆有保证。他更相信持续的努力和调整。对于人生中那些比较重大的选择，他有勇气承担后果。

第 2 章
成长的方向
人格的健全与成熟

Chapter 2

这一章将以精神分析对人格结构及人格成长的看法为起点，探讨"人格成长的方向"这个话题。我将分析"人格成熟""人格健全但不太成熟""人格障碍"这三种人格状态。

精神分析的创始人弗洛伊德提出，人格是由本我、自我和超我三个成分组成的。弗洛伊德及其后继者都强调人格是一个不断发展的结构，也就是说，本我、自我和超我都经历着各自的发展历程，而且三者之间的关系也是不断发展的。这种发展的每一步都有相对合理的方式和相对健全的样子，而且人格总体的发展有一个确定的方向。

人格是一种不断发展的结构

弗洛伊德认为超我是直到3～6岁才开始产生，自我发展得要早一些，而人一出生内心就是由本能冲动构成的本我欲望的海洋。弗洛伊德在他的学术生涯的早期关注超我和本我的冲突，认为超我代表着文化对个体的要求和约束，与道德有关，而作为人的原始欲望的本我，必然和超我发生冲突，神经症便是超我和本我的冲突的结果。

弗洛伊德的超我-本我冲突论可以解释这样的现象：一个青春年少之人，原本性欲强烈，如果他在性道德异常严苛的家庭里长大，就容易深陷内心冲突，对自己的性欲产生过分的羞耻感，生发很多焦虑情绪，甚至罹患焦虑症、强迫症等神经症。

在弗洛伊德职业生涯的早期，他认为文明对本我的过度压制是神经症的发病原因。而在他学术生涯的后期，他相信，其实自我功能的不良，才是人们罹患神经症的重要原因。他后期的理论如今看来更接近事实，毕竟超我和本我的冲突无处不在，即便在那些有最严格的宗教信仰或道德观的人群中，神经症的发病率和其他人群也没有太大区别。人们通常能够把内心冲突暂时搁置，或者让本我的需求以文明允许的方式表达，使冲突的负面影响变得可控。暂时搁置、以文明允许的方式表达被压抑的欲望，诸如此类的方式就是自我在本我和超我之间进行斡旋和协调所采用的手段。因此良好的自我功能，能够减少神经症的发生。⊖

人的本我、自我和超我都是终生发展的，本我、自我和超我之间的关系也是终生发展的。因此人格健全是指，一个人的人格达到了他那个年龄应有的状态。如果某个人的人格发展落在他的生理年龄之后，我们就称为"人格不成熟"。例如一个人到了30岁，还不愿意独立生活，凭着父母的供养来生存，凡事都要由父母替他

⊖ 弗洛伊德后期还认为，神经症发病的另一个原因是精神疾患的生物遗传易感性。这个说法也得到了当代临床心理学、精神医学和脑科学的研究结果的证实。例如，如果一个强迫症患者有一个同卵双胞胎兄弟姐妹（基因完全相同），对方也罹患强迫症的概率将超过50%，而如果有一个异卵双胞胎兄弟姐妹（基因不完全相同），对方也罹患强迫症的概率就只有20%。

做决定——而这并非因为身体上的残疾、智力上的问题或者因为罹患了精神障碍——那么他这种落后于生理年龄的人格状态便被称为人格不成熟。

当人格的发展比"不成熟"还要偏离正轨时，就会成为人格障碍。例如偏执性人格障碍者在多数的人际关系中都认为他人是不可信任的，即便别人一直善待他，他也会持续怀疑他人另有所图。他人的冷淡和批评更是会被理解成迫害或陷害。

也有些人看上去有着超越自己年龄的成熟度。然而从长期的观察来看，在人格发展上超越年龄的成熟，经常是揠苗助长的结果。少年老成之人，后来经常在人格成长方面渐渐落后，甚至变得幼稚乖张。

人格的成熟，意味着个体在本我、自我和超我三方面的顺利发展以及三者之间的关系的健全发育。如果人格里某个成分高度发展，这有时是以压抑其他成分的发展为代价的表现。例如，在幼小时就很懂事的孩子，可能他的父母过早地把成年人的价值观和生活规范套在了他身上，压制了他作为孩子的冲动和好奇心的成长。及至成年，他可能转而渴望随心所欲，厌恶伦理和规则，这种例子不胜枚举。

我们也能看到有些人在小时候缺乏来自他人的适合他们年龄的约束与引导，结果成年之后，虽历尽艰辛，仍不能适应社会生活，或者转而对本我里的"孩子气"深恶痛绝，变得刻板强迫，如套中之人。还有些人的本我、自我和超我之间冲突不断，难以形成一个相对完整的共同体。例如，我们有时候会碰到这样的人：他一方面努力迎合他人的需求，表现得颇有自我牺牲精神，但另一方面他又觉得自己的牺牲是愚蠢的——他的超我和本我之间的冲突难以缓和。有些人甚至在这样的冲突里难以自拔，沉浸在无休止的纠结之中。

本我与自体的发展

精神分析学中的自体心理学和客体关系理论在本我的发展方面给出了在我看来最富有启发性的研究成果。本书将会以自体心理学的理论为主要框架来介绍本我的发展。自体心理学使用"自体"这个词来描述与经典精神分析中"本我"相似的概念。或者更确切地说，自体是能够被自我所意识到的那部分本我的内容。在这里我不打算用抽象的定义去解释什么是自体，而是举个例子来阐明。

假设你是一个公司的员工。在开会的时候，你的上司提到你，说你的业绩出色，人也很好。听到这些话你应该会开心。你之所以高兴，是因为你内心原本就有一种期待——你期待自己在别人眼里是一个能把工作做好、把人际关系处好的人。在你被称赞之前，你可能觉得自己在这些方面还不错，但还不是特别确定。结果你的上司在这些方面肯定了你，你对自己的肯定就因此而变得确凿了。但也有一种情况，你觉得自己不行、不出色，结果被别人肯定了以后，你觉得自己就像个骗子一样，是冒牌的。

所以自体首先就是你眼中的自己，同时它又是可以被别人的眼光所改变的自己。我们怎么看待自己，会影响到别人评价我们时那些评价如何影响我们。当然我们怎么看待自己，又和以前别人怎么看待我们，尤其是在小时候重要他人怎么看待我们有关。

我们经常会听到这样的说法：你不要管别人怎么看我们，你要自己看得起自己。这种说法诚然有理，因为如果我们对自己的看法过多地依赖于他人的评价，我们的内心就过分受制于人，容易被各种评价弄得心慌意乱、心理失衡。

然而我们也确实不可能对别人的看法不管不顾。例如，无论我们有多自信，也不可能不穿衣服上街——王阳明就曾用这个例子来证明即使是江洋大盗也有羞耻之心。㊀另外，在人格发展的起点上，在孩童阶段，我们是一定会活在别人的目光里的。而且别人的看法是孩子们心灵的养料。一个孩子只有在幼时得到适当的肯定，才会在成年之后反而对于来自他人的肯定不那么如饥似渴。

当然，人到成年，自己和自己的关系变得异常重要，如果我们经常不依赖于他人的评价而活，自我实现，自得其乐，这是幸福感的重要来源。但是如果一个人没有经过一个对他人的看法有着清楚的认识的阶段，而是从来就不曾或不想意识到他人想法的存在，这种状态就不是自我实现，而是原始的自恋状态。

自体的发展是从原始的自体（夸大的、完美的、以自己为中心的自体，即自恋的自体）朝着更为成熟的自体（即更为成熟的自尊）发展的过程。下一章将详细介绍自体的发展。

超我的发展

超我是人格里负责道德判断的那部分结构。它告诉一个人应该做什么、不应该做什么。而推动"应该－不应该"判断的，是

㊀ 见中国华侨出版社 2014 年出版的《王阳明全书》。

道德感。所以超我的发展也就是道德感的发展。

专注于研究道德发展的美国儿童发展心理学家劳伦斯·科尔伯格（Lawrence Kohlberg，1927—1987）提出，人的道德发展有三个水平。人在幼年的时候，道德发展处于第一个水平：儿童判断一个行为是否道德，是根据它会不会被惩罚，或者会不会被奖励。如果这个行为被鼓励、被奖励了，那他就认为它是符合道德的；如果被惩罚了，则认为它不道德。科尔伯格把道德发展的这个初级阶段称为"前习俗水平"。其实不少人到了成年之后，道德判断仍然处于这个水平。我们可以发现，在一个团队里，处于前习俗道德水平的成员经常因为害怕领导，或者为了获得来自权威的奖赏而做一些事——哪怕这些事有违公义或者是违法乱纪的。

如果道德水平发展到下一个阶段，这个人会认为伦理习俗很重要、遵纪守法很重要。科尔伯格把道德发展的这个阶段称为"习俗水平"。这个阶段的人不愿意为了利益去违反公序良俗或者法律法规，即便在这么做不会被惩罚的情况下。

如今我们能看到，快递行业就是在公民的道德感普遍达到了"习俗水平"才成为可能。即便大家的快递被放在没有监控的家门口，因被偷窃而丢失的情况也是少见的。

但是"遵纪守法"就一定道德吗？比如在希特勒的德国，许多人"遵纪守法"地迫害犹太人，最终沦为了种族主义和帝国主义的工具。道德发展并不能止步于"遵纪守法"而一劳永逸。道德发展的再下一个阶段，就是所谓的"后习俗水平"阶段。此时一个人衡量某件事该不该做，不仅根据它是不是符合习俗，或者合法与否，还会考虑在某些情境中习俗和法律是不是善意的、符合人性的。比如电影《我不是药神》里的男主角认为如果他不继续代购仿制药品，很多病人就只有死路一条，于是他在认真权衡之后选择去做这件不合法的事。此时他遵守的是善行原则，而不是完全遵守社会规则。在这种权衡之下做出的决定，其实更道德。

科尔伯格做过很多调查，他发现，在有些文化里，人能够更多地达到第二阶段（遵纪守法）以及第三阶段（后习俗水平），但在有些文化或亚文化里，人可能就比较遵守趋利避害的丛林法则，害怕惩罚、追求奖赏，以成败论英雄。

自我的发展

我们可以把本我看成人类的"原始脑""情绪脑"或者"冲动脑"，它趋乐避苦，被欲望驱动，渴望获得即时满足。超我则是本我的监督者，它对源自本我的行为和想法做出判断，评判某些行为该不该做、某些想法该不该有。如果一个人做了被超我判断为"不应该"的行为，他就会体验到内疚感。

人类还有一部分大脑功能是意识到外在的现实，意识到场合与环境，对现实做出判断，也能意识到内在的现实，也就是内心的各种感受和欲望。在不同的欲望之间发生冲突，或者在超我和本我之间发生冲突的时候，这部分大脑功能可以负责找到解决或者调和之道。它还能够率领人格的不同组成部分，去实现生活目标。这部分大脑功能就是自我。

弗洛伊德提出，当超我、本我和现实之间发生冲突时，人就会焦虑，就需要自我来应对焦虑。这里我想举几个例子说明这些冲突：一位高中生，他渴望在高考中考出好成绩（本我的需求），所以在整个高中期间都刻苦地学习。但是他知道，在考试中碰到什么样的题目、考试的时候他的精神状态如何、考场的环境等都不是他能控制的。每当他想到在高考的过程中出意外的可能性时——这些可能性当然是有很大的现实性的——他就感到焦虑。这就是本我和现实之间的冲突。

另一位学生也成绩优异，父母因他的优异而倍感骄傲。在他参加高考的时候，他一度非常紧张。他认为自己应该发挥正常水平，让父母高兴，但他也知道自己并不能完全控制自己的心理状态和客观现实。他的紧张在很大程度上来自超我与现实的冲突。还有一个学生，他热衷于玩乐，但是父母对他期待甚高，他也认为自己应该满足父母的愿望，考上一个好大学。所以当他玩乐的时候，他就自责于荒废学业，当他认真学习的时候又觉得很不快乐。此时他便经历着超我和本我的冲突。

在弗洛伊德看来，自我具有在超我、本我和客观现实之间进行斡旋的功能，这个功能被称作"心理防御机制"（或称为"自我防御机制"，或简称为"防御机制"）。自我采用防御机制来缓解各种冲突带来的焦虑。例如，上文那个害怕考试出现意外的高中生，在考试前换了一双"吉利"牌的球鞋。他觉得这双鞋能够逢凶化吉。这就是一种叫"象征性"（symbolization）的防御机制。那个认为自己必须考出好成绩以报答父母的孩子，经常在考试前胃痛、呕吐，以至于影响到考试成绩。一旦他的身体出现状况，父母对他的成绩要求就会降低，他自己也会对自己的考试成绩不理想更为释然。这种防御机制便是"躯体化"。那个玩乐时自责于荒废学业、认真学习时又觉得很不快乐的学生，找到了一种防御焦虑的方式：在玩游戏的时候就完全忘掉学习，直到玩够了；在学习的时候就完全忘掉游戏，直到完全学不进去了。不论学习还是游戏，他都很难停下来去做另一件事，所以他有时候会拼命学习几天，然后拼命玩几天游戏。在拼命学习的时候变得很焦虑、紧张，神经过敏，在玩的时候没日没夜，欲罢不能。他把两种生活区隔开来。这种防御机制被称为"区隔化"（compartmentalization）。

每一种防御机制对于缓解焦虑都有一定的效果，而人自幼小到成年，防御机制也在发展变化。成年人的防御机制比孩子更多、更复杂也更成熟。人格不成熟，也意味着一个人使用了更幼小的人经常使用的防御机制。例如，一个40岁的人还不能在工作和休息之间取得平衡，而是像上面提到的这个高中生，疯狂工作一阵子，然后无法自制地再玩上一阵子。我们可以想象，他恐怕也扮演不好父母、同事、朋友的角色。

在弗洛伊德眼里，自我的主要功能是应对冲突，防御焦虑。这种对自我功能的归纳现在看来过于狭窄。自我作为人格的"领导者"，只有防御和斡旋的能力显然是不够的。对于自我的其他方面的功能，积极心理学家们做出了比较全面的归纳，这些功能就是"美德"（virtue）。

积极心理学的创始人马丁·塞利格曼（Martin Seligman）与他的合作者把美德概括为六个方面。①智慧：人的知识和判断力；②仁爱：人和其他人之间的联结和沟通能力；③勇气：人克服畏惧感和面对现实的能力，自己做选择的一种内在力量；④节制力：人的自律和自我约束的态度；⑤正义感：人对于人和人之间关系的价值判断能力；⑥超脱：跳脱出以自我为中心的心态，以更加超脱的态度来看待人生的能力。

积极心理学的一系列研究发现，人类对于美德的期待，在不同的文化里都大同小异。比如中国的孔子认为，智、仁、勇是君子的重要品质㊀。而孟子则把仁、义、礼、智概括为人的"四善端"㊁。

积极心理学家从不同文化中概括的美德，与弗洛伊德之后的精神分析学家在弗洛伊德理论的基础上进一步概括的自我功能——例如自我强度（ego strength）——是比较接近的。我们不妨把弗洛伊德所提出的防御机制看成自我的防御功能（缓和冲突、缓解焦虑、减少痛苦），把"美德"看成自我的整合功能。智慧、仁爱和勇气等自我功能把一个人的本我、超我和他遭遇的现实整合起来，引领一个人作为一个整体去生存并参与到社会关系里。

需要指出的是，积极心理学所归纳的美德（virtue）不同于道德（morality）。美德包含的是人格力量（strengths），主要是自我的功能，而道德包含的是道德判断和道德标准，是超我（superego）的功能。美德是不断变化的，它们可以发展，也可以退化。例如，一个有勇气的人，很可能在顺遂的生活里慢慢地失去它；一个颇为节制的人，也可能在富裕的生活中渐渐失去节制力。

自体、自我、超我之间关系的发展

人格的正常发展，有赖于自体、自我和超我的平衡发展，也

㊀ 见《论语·子罕》，"子曰：知者不惑，仁者不忧，勇者不惧。"
㊁ 见《孟子·告子上》："恻隐之心，仁也；羞恶之心，义也；恭敬之心，礼也；是非之心，智也。仁义礼智，非由外铄我也，我固有之也，弗思耳矣。"

有赖于三者之间关系的正常发展。人格发展的滞后,在有的情况下是这三者的各自发展的滞后,有的则是在某个成分或某两个成分的发展的滞后,有的则是某些成分的发展受到了强化,同时另一些成分的发展却受到了阻碍。

人格发展的滞后也表现在自体、自我和超我三者间关系的发展受阻。在这三者中,自体的发展尤其具有决定性意义,尽管它反过来也得益于自我和超我的发展(自我、自体和超我的关系见图2-1)。

图 2-1　自体、自我、超我之间的关系

自体发展的起点是自体的安全感。安全感是一个人对世界的基本信任。如果一个人要向更成熟的人格层面去发展,这个起点是很重要的。精神分析学家埃里克森提出,当幼儿觉得这个世界对他而言基本上是友好的、他人在本质上是可信的,那么他们才有可能在这个基础上进一步发展出主动性和自主性,完成从"作为母亲的一部分的人"向"独立的个体"的发展。独立性是完整、安全的自体和良好的自我功能共同构筑的生存状态。

埃里克森认为,在3岁前,人的自主性和独立性会发展完成。但当我们观察孩子的发展时,能发现在这个阶段,孩子完成的其实是从他母亲的身体里独立出去的过程。对于3岁以前的孩子来说，母亲的身体是一个安全岛，一旦碰到危险和困难，他就会奔向母亲的怀抱。因而在心理上和精神上的独立，在3岁之前并不能彻底完成。我们可以看到，一个30岁的人遇到了挫折之后，还可能会找母亲说一说，或者找父亲说一说。这种心理上或者精神上的适度依恋，并不是不成熟的表现。

绝对的独立是不可能实现的，但与每个年龄阶段相称的相对独立是可以达到的。比如一个30岁的人，工作不顺利，他通过打电话跟妈妈倾诉得到安慰，这是可以理解的做法。但如果他马上买了机票，回家和妈妈待在一起再不出门，那他就仿佛退行到了3岁以前，与30岁的成人可以达到的心理独立相去甚远。

如果一个人到了50岁，他在遇到事业上的挫折之后，可能就不会去跟父母诉说。在这个"知天命"的年纪，他也许会找一个事业上的先行者去获取方法上的指点或者精神上的支持。

孔子说，70岁的人可以发展到"从心所欲不逾矩"（《论语·为政篇》）的状态。精神上足够成熟的老人与文化、社会的规矩之间能保持一定的独立性，他能随心所欲，但是又不逾越规矩。

所以独立性是一个相对的概念，是与一个人的年龄阶段相关的。总体而言，独立性是从身体上的独立向精神上的独立不断发展的过程。成为独立的人意味着，用自己的眼睛看世界，不人云亦云，因此他与他人常常有不一致的观点和生活方式。他也因此需要不断地调整他的独立性和社会角色之间的冲突。如果一个独立的人变得傲慢自闭，不能从他人那里汲取有益的东西，那么这就不是一种发展得很好的独立性。

人不但需要不断发展出独立性，还要发展出理解关系的能力、体验他人感受的能力、觉察自身情感的能力、协调自己和别人情感的能力。所谓独立性和人的关系性都在不断发展。关系性和独立性之间有相互促进作用。如果一个人不独立，他的关系也未必能够处理得好。前面谈到一个30岁的人在事业上遇到了问题，他跑回家，跟母亲待在一起不出门了。这种没有发展好的独立性，对他的关系的影响也是很大的。他的妈妈多半不会对孩子的这种状况称心满意。他周围的同事和朋友的感受就更不必说了。反之，一个人没有关系的滋养，他的独立也会是空洞和枯竭的。

人格成熟、人格健全和人格障碍

我们可以把人格看成人格成熟、人格健全但不太成熟、人格障碍这三种状态。在心理咨询室里，面对这三种类型的来访者，心理工作者所做的工作是有很大的区别的，所付出的努力往往也很不一样。

人格的初步成熟与选择

经过了青春期，人就抵达了发展心理学上所称的"成年早期"阶段。此时及以后的人格相较于青春期及以前，是相对稳定的。虽然此后人格在中年和老年期还会进一步变化，但这些变化与青春期及之前相比是相对温和的。所以成年早期的人格已经可以达到"初步成熟"了。初步成熟的人格的典型特点就是，能够独立地为自己的生活做出选择。

人格初步成熟的人承认这个世界是不完美的，是变化无常的。

成熟的人会抛弃这样的信念，即相信需要一劳永逸地去做出选择，然后保证成功。一个成熟的人，首先就不会认为这个世界上有那么多关键的选择，不会相信一旦选择了，就能一切皆有保证。他更相信持续的努力和调整。对于人生中那些比较重大的选择，他有勇气承担后果。因为他并不认为人生就必须成功，必须达到顶峰，而是认为人要付出充分的努力，然后把结果交给命运。所以对于选择的后果，不论好坏，他都承认这些可能性。在这种心态下，他就不容易被选择的困难所纠缠。

人在不同的发展阶段，做选择的依据迥然有异。未成年的孩子，会参照成年人的意见做出选择。在他们涉世不深之时，亦是非此不可。随着年龄增大，比如进入青春期，他们会变得我行我素。此时他们对于权威和年长者的意见心存反感，甚至会照着权威者的意见反其道而行之——这种为反叛而反叛的态度，在本质上依然是受着权威的影响。但即便这种态度，也是为获得独立而做出的可贵尝试。经过了青春期的叛逆阶段，成年早期的个体在做选择的时候会变得更加独立，也更加能与他人有效沟通。这时他做出来的选择更多的是基于对他自己的实际情况的判断，而不是为反叛而反叛。如果在一个文化里，只培养人的顺从，而压制年轻人对权威的怀疑，那么很可能一个人没有经历过反叛的阶段就进入成年，更遑论发展出独立的判断力和决断力了。

人格初步成熟的表现：整合"大人的一面"与"孩子的一面"

精神分析学家温尼科特提出，人格里孩子气的一面，或者说"本我"的一面里，蕴含着丰富的创造性。他认为，理性和现实感固然重要，但假如我们人格里孩子气的一面被抹杀掉了，就会变得了无生趣和缺乏创造力。

那些在学术、商业或者艺术等方面颇有建树的人，或多或少都会表现出孩子气的一面，甚至通常比同龄人还要更"不成熟"一些。不过这种"不成熟"只是表面的。我们会观察到，他们比同龄人更有勇气、更能坚持、更富有洞察力——在这些方面，他们又比同龄人更成熟。

温尼科特认为，成熟的人格应该是把人性中的大人的一面和孩子的一面结合起来。

人本主义心理学家马斯洛观察了大量最具创造力的人，他总结说，在那些心理健康、自我实现的人身上，人格的对立面消失了。脱离他人还是与他人融合、自私还是无私、接受还是反抗、认真还是随便，人格的这些对立面，在他们身上是被整合起来的。这些人是最社会化的，同时又是最个人化的；是最成熟的，同时又不失孩子的天真。

另外，温尼科特提到，一个成年人如果被完全抹去了孩子气，他就不知道怎么跟孩子相处了。他们如果做父母，他们和孩子的交流会有障碍。我们可以想象，一个把理性和逻辑奉为圭臬、认为感性和想象力幼稚可笑的人，怎么会轻松地给幼儿读童话故事和同他们一起游戏与玄想？

人格里孩子气的一面，在一个正常发展的人那里，也会促进他的社会自我的发展。

人在发展变化的社会里扮演社会角色、承担社会责任，要面临很多没有先例可供参考的情境，需要像做游戏的孩子那样摸索尝试，承受不确定性，并且承担负面的后果。如果一个成年人缺乏想象力，不能够忍受不确定性和失败的可能性，那么他在复杂多变的现实里就会渐渐失去适应和创造的能力。换句话说，一个人如果只有成年人的一面，那么他就始终只能用理智、用规则来应对他的工作和生活，结果他反而不能很好地去扮演成人的角色。

人在社会上承担的是社会角色，而不是扮演社会机器。一个社会机器是按照事先设定的程序和规则来运作，无法适应新的变化和挑战。

没有想象力的生活，容易让人变得按部就班、一本正经、对任何事都熟视无睹。在这样的生活里面，现实也会渐渐变得乏味，变得没有多少价值。所以，人格的成长，其实永远要有孩子气的这一面。而在不成熟的成年人身上，大人和孩子的这两面是互相割裂或者相互冲突的。

一个成年人要整合自己人格里大人的一面和孩子的一面，并不是一件容易的事。似乎每一种文化都刻意强调人格中这两面中的某一面。比如在维多利亚时代，弗洛伊德就观察到，在欧洲人的性格里，"超我"对"本我"的压制是其显著特征。当然，这种状况与当时高速发展的工业文明和保守的社会风气有关。在中国的传统社会里，孩子气也绝不是一个受人欣赏的人格侧面，老成持重才是优秀的品质。到了如今的后工业时代，年轻成了一种财富，对年少的缅怀、对青春的眷恋成了一种精神主流。

不论是传统社会鼓励人们老成持重，还是当代社会鼓励人们青春活跃，都像是在刻意回避人格的另一面。这种态度不免阻碍了人格的成熟。在传统社会里，人的不成熟往往表现为观点陈腐、因循守旧，是契诃夫小说《装在套子里的人》里别里科夫的那种不成熟。后工业社会时代里的不成熟，往往是耽于幻想、在现实面前一触即溃的那种类型，是村上春树作品里的人物表现出来的样子。

愚以为，整合大人的一面和孩子的一面，首先要让这两部分在内心握手言和，而不是站在某一面反对另一面。其次，要发展二者的合作。为了解决现实问题，既需要想象力，需要突破固有框架去思考的勇气，也要有勇气向现实做出必要的妥协，而且能够承受大量的挫折。没有永恒不变的现实，也没有无坚不摧的想象力，现实感与想象力的合作不是冲突，是成熟的创造型个体所具有的特点。

虚假成熟

作为咨询师，我在工作中经常能接触到具有强迫性人格的来访者，他们在年纪轻轻的时候，就表现得老成持重，深思熟虑。比如，一位才上大学一年级的男生刚谈了一个女朋友，而他要"通盘考虑这段关系"：对方的家庭背景、相貌、身材、能力和智力、性格，以及两个人毕业后能否留在同一个城市工作，等等。思考这些条件的方式也很数字化，恨不得编几个问卷、打一系列分数来评估。在恋爱过程中，他殚精竭虑地把控关系的节奏，细到考虑每个星期两人共处多少个小时来发展关系才是最佳的。这个学生虽然不到20岁，却像个四五十岁、在某种非常刻板的工作岗位上干了半辈子的人，没有一点青年人应有的孩子气。

但是，这个学生到了40多岁的时候，也可能忽然在某些方面变得像一个20岁的人。届时他可能会对单调重复的工作产生很强烈的反感情绪，对待异性关系的态度可能会变得随便，自己的婚姻也可能濒临破裂。他以前的早熟，无非是对自身生命力的一种压制，是通过模仿他人让自己活在一种虚假的成熟里。他的孩子气的一面，在小的时候被压抑下去，人到中年，却开始发酵了。

虚假成熟还有另一种类型：在某些场合把自己装扮成比较完美、符合某种社会角色的人，在另一种环境下，则变得很幼稚。比如，一个人可以很好地扮演社会角色，事业有成，但在家庭生活里却像个没有长大的孩子。而且这种孩子气不是那种有创造性的天真，而是一种不能换位思考、以自我为中心的幼儿状态。这种幼稚导致家庭生活冲突频频，令其他的家庭成员感到绝望。

我们也会碰到另一些人，有较高的学历、有不错的工作，在社会上承担一定的角色，但是这些角色似乎并不能满足他们的雄心。他们总是想要通过短期的努力一蹴而就，"咸鱼翻身"。他们怀抱着一种孩子气的全能和完美的幻想，而与此同时，又回避了现实——因为在现实里，不论一个人如何努力，获得超级的、完美的成功的可能性都很小。以上这些虚假成熟的状态往往是人格障碍的征兆。

当然，我们最容易碰到的是这样的人：心甘情愿地成为一架社会机器，除了完成工作要求，绝不肯多付出一丝一毫的努力，不会反思自己所作所为的价值或者对错，只是忠于执行被安排下来的任务。按照一般的社会标准或者精神医学标准，他都可以被称作"人格健全"，但称之为"人格成熟"又有些名过其实，毕竟成熟的人格是应该有个性、有活力的。这种人格健全但不成熟者，其实是人群中的多数。

人格健全但不太成熟

人格健全但不成熟者，缺乏某些精神性的东西（例如，公义感、创造性、勇气）。除了稳定的物质、稳定的工作、稳定的关系，几乎不再关心其他。而这些"其他"的东西如果世人皆不关心，肯定到头来对每个人来说都是一种灾难。例如，当社会的普遍规则和核心伦理被践踏的时候，人格健全但不成熟者可能意识不到有人在践踏这些伦理和规则，如果意识到，他也只会等待其他人出来维护公义（天塌下来让个头高的顶着），或者采用自我欺骗的方式尽快消除内心的不安。

人格健全但不成熟者，可能人际关系融洽、工作有成效、内心足够安定，但以"人格健全"者为人格成长的最高目标的社会，不免潜藏危机。由缺乏棱角与个性、缺乏公义感、勇气和创造性的个体构成的社会，很容易因为外力或者内力轻易地土崩瓦解。

人格健全但不成熟者缺乏某些精神性的东西固然可惜，但如若他转而关心一些精神性的主题，却可能因为人格不成熟而使得这种关心变成他人或自身的灾难（即所谓"灵性的灾难"）。例如那些与人讨论价值观问题时，听到不同的观点就喊打喊杀之人，或者把道德绝对化，追求"舍身饲虎""割肉贸鸽"之类的"至高境界"的人，其实是在用很原始的感情和思维来对待价值观和道德问题。

所以，在人格真正成熟之前，对精神性的问题的痴迷也并不是一种可取的趣味。人格的成熟是一种整体性的成熟，必须是在健全的理性能力和感性能力的基础上发展精神能力所获得的成熟。

第 2 章　成长的方向：人格的健全与成熟

人格障碍

人格的成长，是从"共生的人"向"独立的人"发展，也是从"自闭的人"向"社会的人"发展。从人际关系的角度看，人的成长大致要经过从"碎片化自体模式"到"自我中心模式"，再到"主体间模式"的过程。人格成长的路径可能出于种种原因而遭到堵塞，成长的过程可能被扰乱，从而产生人格障碍。

所谓人格障碍，概言之，是指即使到了成年，个体的人格结构仍然停留在"碎片化的"或者"自我中心的"早期人格模式，后者比前者稍微健全一些。人格发展的严重停滞，是因为个体在成长过程中长期处在不利的环境里，或者在较早的人格发展时期便遭遇严重的创伤，而且在后来的发展阶段没能及时而有效地疗愈这些创伤。例如，长期在苛刻严厉、缺乏肯定支持、不允许真情表露的环境里成长的孩子，会非常害怕犯错误，对己对人少有宽容，难以体验和表露情感，行为刻板，吝啬固执，易于发展成强迫性人格障碍。例如一个在 0～2 岁被父母抛弃的孩子，这种分离创伤如果没有在新的照顾者那里有所疗愈，而是进入一个疏离冷漠的环境，长此以往，就会发展出回避性人格障碍，天生特别内向的人甚至会发展成分裂样人格障碍。

在发展上处于碎片化自体模式的人格障碍者，在想法、情绪感受、情绪表达、行为等方面神似婴幼儿。例如，在偏执性人格障碍者眼中，人们总是充满恶意的，如果不警惕自保，就会遭到他人的算计和陷害。他眼中的人世仿佛"暗黑童话"中的世界。

处于自我中心模式的人格障碍者最显著的特点是"活在自己的世界里"。如果他是外向之人，他可能热衷于按照他的想法去支配他人、利用他人，或者得到别人的关注，至于他人的福祉和想法，是他意识不到或漠不关心的。在被指出这一点时，他可能会以"为了共同的事业"作为他冷漠的借口。

如果处于自我中心模式的人格障碍者是个内向的人，他可能沉浸于对生存风险的担心或者对生老病死的担忧中，无暇顾及他人——尤其是他人的心灵世界——的存在。

拓展阅读

"成人""成年""成熟"的区分和关联

在人格成长这件事上，古往今来的哲学家和心理学家有一个基本一致的观点：人格是需要一个阶段一个阶段地发展的。而且在很多学者看来，人格的发展是一辈子的事情。人格成熟是指一个人在特定的发展阶段达到了这个阶段足够好的人格状态。所以所谓的人格成熟，并不是一个我们达到以后就可以一直拥有的状态，而是会随着我们的发展不断更新。

在人格发展的过程中，有些人真的会停留在某个阶段就裹足不前了。一些人甚至可能在某些情况下又退回到早期的阶段——精神分析把这个现象称为"退行"。

如果你去做一个心理年龄的测试。你的实际年龄是18岁，而测试告诉你，你的心理年龄是25岁，你一般会感觉不错，觉得自己比同龄人成熟。但如果测试结果告诉你，你现在的心理年龄是80岁，你未必会感到高兴。我们本能地知道，一个人在18～30多岁的时候，经历的是心理的"上坡路"，是朝着成熟的方向走的态势。而到了老年，很多人反而变得不那么成熟了，甚至变得幼稚了。所以成熟本身不是一个你得到了就能永远拥有的东西。像孔子所描述的那种随着年龄的增长人格越来越成熟的情况，反倒是比较稀有的。

在社会上，我们会区分未成年人和成年人。在中国，一个人过了18岁就被称为"成年人"，在18岁之前被称为"未成年人"。如果你在加拿大，可能过了19岁才被称为"成年人"。到了成年时期，你就可以拥有一些成年人的权利。你可以去选举、可以开车、可以喝酒。这些都是按照年龄来确定一个人是否可以承担成人的社会角色的。某个特定年龄前后的区别是由社会建构而成的，是一个社会层面的区分。

然而，成年未必成熟，一个在生理上成年的人也许拥有了一份工作，或承担了一份责任，但同时他心理上可能并没有做好扮演成人角色的准备。在生活中不乏这样的人：到了成年的年龄，承担了成人的责任，但因为人格不成熟而活得焦头烂额。

让我们区分一下这三个概念：成年、成人和成熟。

"成年"是人的生物属性，只要营养充分，发育正常，一个人到了一定的年龄，他必然成年。

"成人"是人的社会属性，如果一个人承担了社会角色和社会责任，哪怕他是被迫的，我们也可以说他是成人。

"成熟"是人的心理属性，指的是他在某个年龄能够达到与这个年龄相称的人格成熟状态。

"成年""成人"和"成熟"三者之间当然不是相互孤立的。如果一个人的生理年龄未达成年，希望他能够担任一定的社会角色或者在人格上成熟，那就是勉为其难。例如，没有达到性成熟的人，就不可能承担生儿育女的责任，更不用说扮演妻子、丈夫、父亲、母亲的角色了，生物因素是人格发展的基础。但是反过来，一个人的社会角色也可能影响到他生理的发育。例如，有一些研究表明，如果女孩在母亲缺失的家庭里成长，她不单在心理上，甚至在生理上都比同龄人发育得更快一些。再比如，青少年在抵达青春期之时，会出现指向父母的反叛的冲动，这是他们发展出独立人格的一条必由之路。而这种反叛冲动与青少年的身体发育又有直接关系。在不同的文明中，青少年最反叛的年龄几乎都是14岁。所以，生理上的成年对于人格上的成熟，是有一定程度的决定作用的。

　　成人之后，社会责任也会促进一个人在人格上成熟。而人格上的成熟，又会反过来帮助一个人扮演社会角色。所以成人和成熟之间也有一定的互相促进的关系。

　　成人和成熟也并不总是互相成就。如果一个人所承担的社会角色是他深恶痛绝的，此时这个成人角色就未必能促进他在人格上更加成熟。

如果一个人的自体是内聚的，他会从整体上看自己，不会因为一些局部的不完美就对自己全盘否定。

第 3 章
自体的成长

Chapter 3

安娜的故事

27岁的安娜在一家计算机公司工作,在这个男性居多的场合里,她的工作能力并不输于男同事。她是团队里重要的角色——工作效率高、质量好、受到上司器重,收入也颇为丰厚。在生活中,她有一个谈了近一年的男朋友。他在投行工作,也有很高的薪水,是个性格平和、谈吐风趣的人。

安娜的一切看上去挺美好。但安娜和男朋友、同事、父母亲经常发生冲突,关系时不时陷入僵局。她来找心理咨询师,在简短地讲完她的情况和她的困扰之后,她问咨询师:"你能不能教教我怎么对付这些人?"

咨询师请她举个例子,说说最近让她记忆犹新的跟某个人的冲突。

她说"男朋友回我的微信非常不及时,让我十分恼火"。

咨询师希望她说得再具体一些,比如这个"不及时"是在什么情况下、如何发生的。但是她说得很简单:"他就是这样,他这半年一直对我爱搭不理的!"

咨询师尝试着想和她再做下澄清:"像现在这个时候,工作日的下午三点,假如你发微信问你男朋友,晚上是不是一起吃饭,他一般在多久以后回复你?"

安娜立刻抬高了声音说:"你们男人都向着男人,根本理解不了女人!"

咨询师很是诧异:"我只是想了解一下你们相处的细节。"

安娜说:"难道咨询师不应该站在来访者这一边吗?"

咨询师被问得摸不着头脑,只好重复说:"我只是想知道你们相处的细节。"

安娜说:"哼,你不就是想确定一下,如果我要求他5分钟之内回复,我就是太过分了,如果是50分钟,那就差不多,最好是啥时候回复我都无所谓,对不对?"

咨询师恍然大悟。她问的这句话,听着的确可以朝这个方向去理解。安娜觉得咨询师在怀疑她对男朋友要求太高,想通过上面的问话套出真相。

其实,如果是一个男性来访者诉说同样的经历,咨询师也会这么问——在这一点上这位咨询师谈不上有性别歧视。但如果咨询师和来访者这么解释,听起来倒像是巧言令色。咨询师此时才意识到,安娜来到咨询室,想要得到的并不是事实方面的澄清。事实在她内心已经确凿无疑:她没有被男朋友足够好地对待,他在欺负她。她像一个和同伴发生了冲突的孩子,跑回家希望被母亲安慰,渴望一个怀抱。而此时妈妈却问她发生了什么事,先入为主地批评她"肯定是因为你不好"。如果一个人经常遭遇妈妈这样的对待,当然会形成一种思维定式:他问我发生了什么,就是在试图发现我犯错的证据。安娜就是在这样的亲子关系环境里长大的。她的妈妈是个中学语文老师，在安娜还是幼儿的时候，处理安娜和他人的冲突的时候总是要求安娜"从自己身上找原因"。

如果安娜的经历仅止于此，并不能解释为什么她在咨询的第一次就表现出那么敏感的性别意识。事实上，她出生之后因为是女孩，被她奶奶嫌弃——她奶奶更喜欢家族里的长孙，这在她最早的记忆里便是如此。而她恰恰主要是由奶奶照顾长大的。同时被奶奶嫌弃的还有安娜的母亲——奶奶的儿媳妇。在安娜9岁的时候，她母亲和父亲离婚了，改嫁了他人。

安娜的妈妈对安娜虽然谈不上嫌弃，但与安娜的交流是灌输式、命令式的，不擅长体察孩子的情感。安娜身边的其他重要他人——她的奶奶和爸爸——也不关心她的情绪，只是欣赏她听话、乖巧的一面。后来她读书成绩优异，他们以她的学业为豪。

咨询师把安娜当下的性格和情绪特点归因于早期的成长环境，也许有几分宿命的色彩。毕竟她进入成年期也快10年了，难道早期的成长经历造成的影响就如此难以撼动？确实有许多像安娜一样在生命的早期处境不佳的人，没有像安娜这般敏感。他们青少年期在学校的比较良好的经历在一定程度上缓解了家庭给他们带来的压力甚至创伤。

但安娜在学校里的经历也具有悲剧色彩。她喜欢温柔和蔼的男老师，对多数女老师恨之入骨，对稍稍严厉的男老师也充满敌意——这与她在自己家庭中的处境当然不无关系。然而，她所在的小学和中学里女老师众多，有限的几个男老师大多不是温柔体贴的类型。只有初中的一个男老师性格还算温和，她对他产生了很强的好感，经常向他请教问题，于是就传出了她和这位老师的绯闻，弄得他对她也很愤怒。用她的说法是："我们之间什么也没有发生，却闹得满城风雨。"

安娜的成绩一直比较优秀，当她觉得自己在人际方面注定备受伤害之后，就更加努力地学习。她发现当她的成绩优异到无人可以忽视的程度时，即便她任性一点、以自我为中心一点，别人似乎也都能容忍。最后她考进了一所非常有名的大学——用她的话说"属于中国的常春藤"。

在后来的咨询中，安娜对于自己和这个世界的看法逐渐展露出来。她觉得自己是不被人喜爱的，经常觉得别人在怀疑她的诚实。她能很快地学会一项又一项技能，在竞争中表现出色并受到别人的重视，但同时她也经常觉得自己被别人嫉妒。她觉得别人可能会重视自己的工作能力，但并不在乎她的感受，更不在乎她是否幸福。当她在一段关系中（比如交男朋友时）发现这个迹象的时候，便会随时做好离开对方的准备。"我男朋友对我还算无微不至，在各个方面都迁就我，这段关系暂时还行，但是他这么做到底是出于什么目的？我们非亲非故，他为什么要对我好？将来他对我不好了怎么办？"

安娜所担忧的事情当然是有可能发生的，这个世界上有些人会不喜欢她，有些人会怀疑她，有些人会抛弃她，她的男朋友也未必不会背叛她。相反的情况也是有可能的：有人会喜欢她，有人会在意她，她的男朋友始终都不会离开她。但她眼中的自己是不讨人喜欢的，经常被小看，随时会被抛弃。她把这种对自己的看法投射出去，从其他人的言行里很容易就"看出"轻视和怀疑的迹象、"发现"弃她而去的蛛丝马迹，然后就选择与人疏远以免遭受更大的痛苦，或者向别人提出令人诧异的抗议。而经常这么做真的会招来别人的疏远和嫌弃。（这种"怕什么反而来什么"的自己创造的人际处境，在精神分析学里被称为"投射性认同"。）

好在安娜没有逃离咨询，咨询师也没有像她所以为的那样嫌弃她、怀疑她，没有被她变成她想象出来的会抛弃她的人。这个相对稳定的关系给她带来了与以往不同的体验，也使她接受的心理咨询是有效的。

心理咨询之所以有效，原因之一就在于它提供了一段特殊的、稳定的、足够好的关系。这是人本主义心理学的看法，也是精神分析学发展到客体关系学派以后所强调的。

就个人而言，关系往往包含如下心理元素：第一，一个人是怎么看自己的；第二，怎么看别人；第三，怎么看待自己和别人的关系；第四，觉得别人是怎么看他的；第五，觉得别人是怎么看待他们自己的；第六，觉得别人是怎么看待他和别人的关系的。当人们发展关系的时候，每个人都带着这几个方面的认识以及和这种认识相伴的感受与他人互动。

因此，在工作场合，安娜认为自己会学习，有一定的工作能力，她觉得同事和老板也这么看。但她觉得老板和同事并不喜欢她，她觉得他们都自我感觉良好，而在她眼里他们可不怎么样。在和男朋友相处的时候，她认为男朋友对自己很好，但她不理解她男朋友为什么要对她好，她担心男朋友最终会因为发现她的不好而抛弃她。

安娜内心对于关系的这类理解是怎么形成的呢？主要是因为她在成长过程中缺乏足够好的、稳定的关系。安娜的自体在一些不利的环境中没有发展成足够"内聚的"自体。

内聚的自体和自体的需求

"内聚的自体"是精神分析学家科胡特提出的概念。他认为，发展得比较顺利和成熟的自体的一个首要特征就是，有较好的内聚性。

说成熟的自体是"内聚的"，这是相对于不成熟的自体是"不够内聚的""松散的""矛盾的"甚至"碎片化的"而言的。当有人指出安娜在工作中的不足时，她会变得异常愤怒，也会突然怀疑自己的能力。本来同事只是在就事论事地谈一项工作中的问题，却直接触动了"我是不是一个能干的人"这个颇为核心的问题。这就是不够内聚的自体的表现。安娜的自体有点像一个气球，体积不小、也很光鲜，但被树枝刮一下就可能爆裂了。自体内聚的人像一个桃子，虽然表皮在攻击下也会受伤，但核心的部分并不会爆裂，因而承受得了很多冲击和压力。安娜多数时候认为自己是有能力的，但他人的一句肯定或否定都能激发她的自我肯定或者自我怀疑，她与能力有关的自体是易爆的、不内聚的。其实她与亲密感有关的自体的内聚性更不充分。安娜觉得自己是不被人喜欢的，即使别人——例如她男朋友——表达了对她的好感，她也很难相信自己确实是可爱的。她很容易找到自己不可爱或者被人嫌弃的"证据"，然后就产生逃离一段关系的想法。

自体的内聚还意味着自体的不同成分之间也是有足够联系的。安娜平时觉得自己能力超群，但同时又觉得自己不讨人喜欢，有能力的自己和不讨人喜欢的自己"并置"在一起，并且这二者的联系是松散的。我们一般会认为，一个人有能力，至少他会因为有能力而得到一部分人的喜欢，而安娜的感受却是"我有能力，但他们不喜欢我"。她会认为自己的能力招来的是嫉妒而不是认可。当她和他人交往的时候，展示能力的时候也就是她担心别人讨厌自己和抛弃自己的时候，于是在行动上就表现得犹豫不决，内在的体验也是矛盾的。

我们现在容易在网络上碰到这种类型的人：他可能是个很出色、颇有竞争性的网络游戏玩家，但在现实的工作中却表现得与世无争，或者因为害怕受伤害而远离人群。他可能会在游戏中付出极大的耐心和毅力，而面对真实世界却很不耐烦或者方寸大乱。他的生活状态是碎片化的，在有些情境中意气风发、在有些情境中萎靡不振，有时候自信满满，有时候自我挫败。

人的自体并不是生而内聚的。我们观察幼儿，就会发现他们的自体的松散。比如，他可能认为自己很强大、很厉害，谁都不如他，而你让他给邻居送一篮子苹果，他却不好意思独自前往，但这并不妨碍他依然认为自己很强大。这对于一个3岁的孩子而言绝非异常。如果一个人到了30岁，他认为自己无比强大，能力无穷，但是同时面对最基本的工作他都畏首畏尾，这显然是自体不内聚、不成熟的一种表现。

3岁以前的孩子，自体的不内聚就更明显了。他会有很多冲动，冲动和冲动之间不可调和。比如他正在吃饭，看到电视里出现一只狐狸,他可能扔下碗就去看电视去了。这对于3岁以前的孩子当然也是正常的。如果这时候他能把自己控制住,专心吃饭,我们恐怕还会为他担心。幼儿本就是"三分钟热度",对于他们的这种状态我们习以为常,甚至还有几分欣赏。

在成年人身上,我们其实能看到一些类似于3岁以前的孩子的碎片化的状态。比如一位精神正常的成年人,虽然每天忙忙碌碌,但好像什么事也没做成。他可能对某些细枝末节倾注了无比巨大的精力,赋予了无比重大的道德意义,但对一些大事视而不见,或者对一些很不正义的现象置若罔闻。比如一个二十多岁的年轻人说,她找了一个男朋友,但是她觉得自己配不上他。她说虽然自己工作也可以、长相也可以、性格也不错,但是身高低于170厘米,只有165厘米,而对方有180厘米。虽然男朋友并没有嫌她个矮,怎奈她自己"就是过不去这个坎。"她觉得自己必须符合一个又一个标准,方可以称为"优秀"的人,才能够配上另一个"优秀"的人。仅仅因为身高没有达到自己的标准,就觉得自己不值得被爱,这个年轻人的自体在这方面是碎片化的。

如果一个人的自体是内聚的,他会从整体上看自己,不会因为一些局部的不完美就对自己全盘否定。他看待他人亦复如是。所以自体内聚的过程有点像一大群性格迥异、能力不同的人聚成一个团队,不同成员逐渐学会分工协作,领导者和团队之间也有稳定的沟通,而不是动不动就把团队解散。团队成员跟领导的关系以合作为主,而不是对抗和内耗。

当我们有自己的目标并尝试把自己的不同方面调和起来朝向这些目标时,自体比较容易逐渐走向内聚。这样的人格状态的形成,越在我们发展的早期,越与我们周围的重要他人对我们的理解、肯定、支持有关。这些理解、肯定、支持,被科胡特定义为"镜映",也就是说:如果重要他人看到这个人内在的不同方面,并且反馈给他,同时承认他内在多种状态的合理性,肯定他在整合自己感受方面做出的努力,那么这个人慢慢就能学会把相互冲突的东西整合起来,能够抓住主要的东西,而不是迷失在细节里,或者被各种突然出现的莫名的冲动带走。

内聚自体的形成也与这个人在成长的每一个阶段有没有可以被理想化的重要他人有关。有这样的人存在,一个人就会有安全感,也会因为重要他人的强大而感觉自己很强大,他会去认同和模仿那个被他理想化的人,想去成为那个人,人生的目标也会在这个过程中逐渐产生。当然,孩子理想化父母和老师,成年人理想化上司和老板等权威角色,一定会经历"去理想化"的过程。原先在他眼里完美的人,渐渐暴露出缺点;原先认为很强大、无所不能的人,也终于露出不那么强大的一面。如果这个曾经被理想化的人是足够好的,在去理想化之后,剩下的是对这个曾经被理想化的人的尊重。如果这个曾经被理想化的人离其应有的形象相去甚远,他就会感到大失所望。

也许他会对权威产生普遍的怀疑,或者渴望找到另一个完美的权威。例如,一个年轻人在幼年的时期,父亲是个企业的领导,在孩子眼里父亲是一个精明强干的角色。然而,在这个年轻人上小学期间,父亲的单位由于改制而被迫解体,从此父亲一蹶不振,待在家里再也没有出去工作,而是以打麻将度日。这个年轻人目睹了曾经被他崇拜的父亲变成这样,内心发生了剧烈的震动。此后他不论在考学还是参加求职面试的时候,还是在工作中,都表现得很焦虑,担心自己突然就承受不了压力,最终变成父亲那样。他非常努力,但是一旦看到失败的迹象就忐忑不安。因为去理想化的过程太突然,这个年轻人的自体的内聚性的发展中断了。当然这种中断也和他的其他重要他人——例如他的母亲及他的老师们——未能在一定程度上成为他的理想化他人有关。

理想化的过程也可能从一开始就很不顺利。例如在一些家庭里,父亲和母亲之间矛盾重重,双方都对对方的性格和生活方式嗤之以鼻,结果这个孩子就没法理想化任何一个人,或者在理想化一个人的同时妖魔化另一个人。

理想化的过程也可能不能顺利完成,例如有些父母极力在孩子面前扮演完美无缺和无所不能的形象,在这种环境下,孩子在以父母为傲的同时,也会体验到难以消除的自卑感和无能感。有一些父母在孩子指出他们的缺点的时候异常愤怒,即所谓的"自恋暴怒",结果孩子可能表面上对权威毕恭毕敬,心底里对权威嗤之以鼻。

除了镜映和理想化需求,"孪生需求"的满足也是带来自体内聚的一个途径。我们需要和他人在一起并且做着类似的事情,这也是我们生而为人的一种根本需求。此时我们更有安全感,更确信自己的做法是合理与正当的。科胡特把这种需求称为"孪生需求"。

安娜在工作环境中,虽然成绩出色,受到器重,但她和同事之间难以形成孪生需求联结。一起工作原本可以带来一种积极的体验,这也是多数人除薪水之外从工作中得到的另一种回报。但安娜体验到的是被嫉妒和人际紧张感。她只是把同事当成竞争对手,而不是相互支持的朋辈。这与她孤独的童年经历有一定的关系。她在一个对她不关心、不理解的家庭长大,在学校环境里也是通过成绩竞争的获胜来得到关注和"特权",她难以体验到那种对于很多孩子弥足珍贵的"伙伴感"。

健康的自体是内聚的,但并不是说健康的自体内部是铁板一块。我们大概能看到很多人到了中年以后,对事情的看法、做事情的方式、知识结构就不再发生变化了,甚至说出来的话都是千篇一律的,岁岁年年无不同。这显然不是科胡特所说的内聚的自体的样子。内聚的自体是始终保有生命力,科胡特自己就是如此。中年以后反而是他最具创造力的时期。弗洛伊德也是这样的人。

人到中年,对世界更了解,积累了很多的人生经验,正好是可以有所突破的时候,结果很多人却活得千篇一律,这是自体发展不顺利的一个征兆。当然,科胡特认为某一个发展阶段的问题,通常在上一个发展阶段就已经埋下了种子。中年时期故步自封,往往是因为在年轻的时候没有去探索和尝试,那时自体的发展就已经开始受挫与停滞。一些年轻人在大学毕业时找到了一份毫无挑战和超级稳定的工作,从此再也没有尝试过开发自己的潜力。另一些年轻人虽然做出各种尝试,但只是凭着一腔热血,失败之后也不能总结经验,也不能与人很好地合作,结果东一榔头,西一棒槌,能力并没有什么发展。及至中年,当然也就更谈不上有什么突破了。

然而,年轻的时候没能很好地发展自己,往往又和他更早的发展阶段的遭遇有关。不过这绝不意味着我们每个时期的状态都是由前面的时期决定好了的。人在每个发展阶段都有机会解决前面的阶段所遗留的问题,不过越往后积累的难题越多,解决起来也就越不容易。

为了区分科胡特的内聚自体概念和我们平时经常观察到的那种比较顽固的自体,我想试着发明一个词:"恐惧型自体"。人在恐惧的时候的会表现得格外顽固。恐惧是有力量的,但没有活力,是坚硬的,但没有弹性。而内聚的自体是有生命力的。恐惧型自体本质上也是脆弱的,归根结底是害怕身体或者自尊心被伤害。

除了"碎片化"或"铁板一块",不内聚的自体还有其他的表现形式。例如,边缘型人格者⊖经常这样描述自己:感觉自己是一个空壳。他可能有不错的成绩或成就,能受到周围的人的认可与肯定,但他觉得这些都不能填满内心巨大的空虚。

边缘型人格者需要的不是能力上的认可,而是更为早期的类似于幼儿的需求。他需要以他为中心,需要被理解、被容忍,需要有坚实可靠的他人去依恋,在这种情况下他才觉得自己是真实地活着。在他作为成年人生活和工作的圈子中,很可能没有任何一个人可以满足他的这些需求。除了空虚感,边缘型人格者对自体的体验是不稳定和不确定的,波动于自大和极端自卑之间。

除了边缘型人格,其他人格类型也会出现不稳定的自体和不确定的自体。例如强迫型人格者对自己和他人要求严格,有完美主义倾向,当自己或他人出现任何错误和失败时,都难以接受。

⊖ "边缘型人格"是一个精神医学概念,用来描述一种自尊心波动于自大和极端自卑,对他人的感受波动于极端理想化和妖魔化之间,人际关系波动于完美和极端糟糕之间的人格类型。边缘型人格者另一个典型特征则是持续的空虚感。幼年被抚养者抛弃、忽视和虐待的经历,青少年期来自他人的欺凌和虐待,是边缘型人格最常见的发生因素。

强迫型人格者的自体也因此波动于自满和挫折之间，表现得很不稳定。不过强迫型人格者在对自己或者他人失望时，并不容易像边缘型人格者那样陷入极端绝望的情绪。强迫型人格者的自体的内聚性相对较好。

一个人的自体是在良好的、能够带来成长的关系中变得完整和内聚的。科胡特认为，能带来成长的关系有三种类型：满足镜映移情需求的关系、满足理想化移情需求的关系、满足孪生移情需求的关系[⊖]。不顺利的成长，往往意味着缺乏提供这三种关系的环境。

镜映移情需求、理想化移情需求、孪生移情需求（简称为镜映需求、理想化需求和孪生需求）是精神分析的自体心理学里三个非常学术化的概念。在此我想用便于理解的日常话语解释一下。

镜映需求

不论我们如何强调自信，声称无须仰赖他人的眼光来看待自己，我们总是会发现，一个人怎么看待自己，与他在成长过程中别人怎么看待他有关。一个人在小时候如果很少得到他人的肯定和理解，反而更不可能走向成熟的、不太需要依赖他人意见的人格阶段。

《三国演义》里有这么一个故事。汝南的许劭搞了一个评价当世之人的活动。曹操听说后去见许劭，想知道在许劭眼里他是个怎样的人。结果许劭评论曹操："治世之能臣，乱世之枭雄。"曹

⊖ 科胡特.精神分析治愈之道[M].訾非，译.重庆：重庆大学出版社，2012.

操"闻言大喜"。

很多人对这一段文字都印象深刻,有的大概会想:像曹操这么自负的人,难道也需要通过他人的认可来提高自信?

历史上是不是确有此事,我们不得而知。但是从我们的生活经验来看,即便那些德高位尊之人,也往往渴望来自他人的认可。有才之人可能希望才能被人赏识,善良之人可能希望自己的善意被人接受。即使在最普通的日常生活中,我们也希望自己在别人眼里是可被尊重、可被礼貌对待的。当我们被他人足够好地认可与对待的时候,我们对自己也变得更加肯定、更加认可了。他人仿佛一面镜子,如果我们从他人那里看到了好的自己,就容易倾向于确信自己是好的。一个人获得这样的对待越早,这种自信也就越牢固。

一个人所渴望的镜映,并不是来自他人的笼统的、没有针对性的赞美。有些父母秉持赞赏教育的信念,不论孩子做什么,有没有付出努力,都一概给予肯定,这在孩子心目中产生的体验是空洞的甚至虚假的。如果我们不能发现那个人真正期望的肯定是在什么方面,这种肯定并不能带来成长。在我们肯定一个人之前,我们需要先"看到"这个人。不仅仅是看到这个人的外在行为,更为重要的是看到一个人的内在愿望。当一个人快乐的时候,这份快乐被看到,当一个人痛苦的时候,这份痛苦被看到,当一个人有雄心的时候,这份雄心被看到。这些"被看到",便是被共情的体验。

一个人对于被看到、被认可、被支持的渴求是从生命的起点开始的。彼时他身边的重要他人能否提供这些镜映,对他基本人格的发展至关重要。在被镜映方面，安娜在生命的早期就面临着缺失。她对于自己是不是值得被爱、是不是有能力，没有明确的自信。

尽管如此，安娜的记忆中依然印刻着少许被认可的珍贵时刻。大约在安娜上小学一年级的时候，有一天她在院子里玩耍，听到奶奶对邻居说："安娜这孩子是我们家最聪明的，男孩子都比不上。"

安娜后来对她的咨询师说：多年以来，她都对这个瞬间念念不忘。

安娜的父母关系紧张，两人时常处于冷战之中，也难以顾及她的感受。重男轻女的奶奶也不怎么关心她。可以想象，安娜该有多么渴望别人的认可与关注。从奶奶口中偶然听来的这一句肯定，就像饥饿许久之人突然获得的一碗薄粥，已经弥足珍贵。这份记忆的深刻持久，恰恰也说明了她童年时期在受肯定方面何其匮乏。

镜映需求与自恋

我们平时说"自恋"，通常指那种觉得自己长相出众、喜欢照镜子的人；也有人会把那种觉得自己很有本事，经常在别人面前炫耀自己的能力的人称为"自恋的人"；还有人会把不顾别人感受的人称为自恋者，比如一个随意评价员工的容貌、能力、出身的老板。

以上这些情况在心理学的定义里都可以被称为自恋。但如今精神分析学对自恋的理解在深度和广度上都有很大突破。

我们在日常语言里把自恋看成一种病态，或者至少是一种人格缺陷，而自体心理学的创始人科胡特指出：自恋是人的本性。人渴望被人认可，渴望拥有强大的能力，渴望被看成重要之人。这些渴望可以促进一个人做出努力，可以成为一个人成长的动力。

但是为什么有些人表现出来的自恋会给自己和他人带来特别大的困扰呢？科胡特解释说：因为他们的自恋不够成熟。

如果有个30岁的女性，有工作、有家庭，而她最喜欢的是每天打扮得漂漂亮亮的，背着名牌包在街上吸引别人的目光，对其他事情一概没有兴趣，那么这位女性在科胡特看来，就像一个学龄前的小女孩，刚产生了性别意识，喜欢穿花衣服和漂亮鞋子，特别渴望大家都夸她漂亮、可爱。这种愿望对于一个小女孩而言是理所当然的，但如果一个30岁的女性依旧如此，她就难以适应她这个年龄的社会角色和人际关系。她的自恋没有从3岁的状态往后发展。

再比如，一个35岁的男性，他最关心的是他能不能成为"上等人"，看到比自己有钱有势的就去巴结，看到普通的、也许不能帮他一把的人就不屑一顾。而且他与人交往，总要想方设法去利用别人。我们也会把这样的人称为"自恋的人"。当我们看到三四岁的孩子对别人说"我佩服我叔叔，因为他是老板"并坐在叔叔的豪车上，优越感油然而生时，我们大概也不会觉得这孩子庸俗、势利。孩子在这个年龄，跟家庭之外的其他人交往，往往是因为对方有心理上的或物质上的"好处"。叔叔给他买糖，他喜欢叔叔，大姨给他买玩具，他喜欢大姨。我们一般并不担心他到成年以后依旧如此。我们会说"孩子嘛"！但是如果他已经35岁，人到中年，依然带着3岁儿童的心态看待他人，就会被认为是见利忘义、趋炎附势了。

所谓"被看到""被镜映",从形式和内容上来说是和年龄有关的。一岁以下的孩子最希望周围的人能看到他对于安全感的需求,两岁左右的孩子最希望别人尊重他对于秩序感的追求,3岁多的孩子希望周围的重要他人能够看到他的志向的萌芽,3～6岁的孩子渴望被异性的父母喜欢,上了学的孩子希望父母和老师能够看到他勤奋的一面……每一个发展阶段,人的镜映需求都有所不同,对满足自己镜映需求的人也是有所选择的。一个3岁的孩子,最需要来自父母的认可,而一个13岁的少年,对于来自老师的赞许更有可能铭刻于心……

孩子的自恋,放到成人的道德框架里去看,是夸张的,但因为与他们的年龄及发展阶段相称,我们不会大惊小怪,甚至不会给他们贴上"自恋"这个标签,这是我们一般的态度。科胡特说,这些夸大的自恋需求既需要得到满足,也需要受到挫折,方能发展为成熟的自恋(或者用一个更为中性的词——自尊)。一个女性到了成年,她会打扮自己,她觉得自己是漂亮的、是别人喜欢的,这是一种自然的需求。但如果没有别人的目光,自己的存在感马上就消失殆尽,这就是自恋发展不足的表现了。自恋发展不足也会呈现出相反的一面:在别人眼里她倾国倾城,她对自己的感受却是一塌糊涂,觉得自己根本没法见人。

前面提到的那个35岁的男性,他唯一关心的就是超过别人、利用别人,这是不成熟的自恋。但成熟的自恋并不意味着干脆把需求关闭了,一个人在做事业的时候有超越别人的愿望,这本身可以是正常的需求。这种动力也许推动了他在职业和创造性方面的发展。

科胡特认为，自恋的成熟有两种途径：①一个人的自恋被看到、被镜映；②经历恰到好处的挫折。关于恰到好处的挫折，我准备在谈完理想化移情需求和孪生移情需求之后再详细展开讨论。

理想化需求

关于自恋，科胡特还有另外一个看法：人除了希望自己在别人眼里是好的，希望自己很能干、很强大，他还渴望依附于强大的他人。他会把某些人看得更完美、更有能力，希望自己能从他们那里得到力量。他认为这也是一种自恋需求——"理想化移情需求"（简称"理想化需求"）——而且也有成熟和不成熟之分。

前面讲到的那个35岁的男性，认为世界上的人可以分成上中下三等人，觉得跟"上等人"在一起的时候自己也更高级、更重要。如果别人无权无钱，他就觉得别人很糟糕。这种心态既体现了他夸大的自己，也体现了他对他人的夸大。科胡特把一个人对他人的夸大称为"理想化"。科胡特认为，一个成熟的成年人，会尊重别人、看到别人的长处，但不会把一些人看成神仙，又把另一些人看成垃圾。

所以科胡特把自恋概括为两个方面，一方面是对自己的夸大，一方面是对他人的夸大。这两个方面经常在一个人身上同时出现。在鲁迅的小说《阿Q正传》里，阿Q认为自己祖上是阔人，因此看不起跟他一样做工的小D；同时他认为自己是赵家人，总想让这个有权有势的大家族接纳他。不成熟的自恋的两个方面，在《阿Q正传》里表现得淋漓尽致。

一个人的理想化需求也是从婴幼儿时期就会展现出来。我们能够经常听到两三岁的孩子说自己的妈妈有多么好、爸爸有多么强大。此时的他们是父母的忠实"粉丝",在他们眼里父母是强大的、无所不能的、完美的。这就是孩子对父母的理想化体验。正是这种体验给他们带来安全感、归属感、力量感和自豪感。当一个孩子认为自己是强大、无所不能的、完美的父母的一部分时,便会觉得自己也是强大的、无所不能的、完美的。

随着一个人长大,他的理想化对象会发生改变。在上学的时候,他可能把老师看成强大的、无所不能、无所不知的、完美的。在走出校园刚开始工作的时候,他可能把领导和老板看成强大的、无所不能的和完美的。当然这些理想化的对象最终都有可能"露出破绽",不再被体验成无所不能的和完美的。但是最初的理想化对于一个人的发展是有价值的。其中最有价值的部分莫过于这个人因为认同了被他理想化的对象而对自己也持有了肯定的态度,并且把对方当成榜样来模仿。

我猜想,这种理想化也许是新的一代能够在能力和品德上超越上一代人的动力所在——所谓"青出于蓝而胜于蓝。"

科胡特指出,理想化的正常发展,是从把重要他人体验成完美的人,到经历对理想化他人的失望,再到对足够好但不完美的重要他人抱有"成熟的尊重"的演变过程。

孪生需求

科胡特认为,孪生需求[一]促进了人的能力的发展。比如,一

[一] 这个概念有时被翻译成"另我需求"。

个 5 岁的孩子喜欢做游戏，爬墙上树，钻穴涉水，这是孩子的天性，也是孩子正在发展的能力。但如果没有其他的孩子和他一起来做这些事，他就不会对这些事产生那么大的热情。㊀"我们这么做，是因为周围的人也这么做"，这个现象经常被看成是缺乏个性的表现，但我们可以客观地反思一下：儿童的游戏、青少年的求学、成年人的工作难道在很大程度上不是因为同伴的存在而拥有了合理性吗？而且这些事情也确实是合理的。只有相互的影响变成了相互的命令，不允许批判性的思考㊁，不允许个性和独立见解存在的时候，"我们这么做，是因为周围的人也这么做"才会变成对人的发展有害的心理状态。

所以，孪生移情需求可以概括成"我想这么做，他们也这么做，所以我们这么做是对的、是好的"。一个人到了学龄之后去上学、到了工作的年龄去工作以后，都有这种孪生需求在起着促进作用。人和人之间在这方面仿佛双胞胎一般，从对方眼里看到了自己、证实了自己。

孪生需求的满足，不全是通过同龄人互相激发和模仿来实现的。孩子也会和成年人一起做事，体验那种"我和你都这么做，所以这么做是对的"感觉。如果这个成年人又是这个孩子所崇敬、所理想化的，这些事也就倍增了重要性和光荣性。

孪生需求也和理想化需求、镜映需求一样都有阶段性的发展过程。例如，在读中小学时，学生们修习的科目几乎相同，学习

㊀ 我们也能够看到一些这样的历史记载：当单个的人类的孩子和其他动物在一起成长时，发展的是其他动物的能力和行为。
㊁ 批判性的思考是第 5 章将要讨论的自我的功能。

的时间也基本上是一样的。学生之间互相比较，互相促进。及至上了大学，人各有志，孪生需求的满足就变得较为抽象了。例如有个大学生说，在新冠疫情期间，他在家里学习的积极性大大降低了，作业经常迟迟不能提交。而他在学校里并没有这种情况。他在大学校园的教室和自习室里看到大家都在学习，无形中就有了动力——虽然他们可能来自不同的专业，学习的内容也大相径庭。如果这时候一个学生还保持着中学生的比较心态，就可能每天盯着别人几点起床、几点休息、选什么课、考什么证书，那就意味着他在孪生需求的发展上有点滞后了。

再比如，进入社会的人参加某个职业或者兴趣圈子，信仰某种思想或者宗教，周围的他人也都在提供孪生需求。哪怕那些最独来独往的哲人、数学家、闭关修行人士，也依然毫不奇怪地有自己的圈子。即使某个人青灯黄卷、孑然一身，他也可能会以书籍作为自己的孪生自体客体，与古人进行最深沉的交流。

虽然科胡特认为孪生需求主要体现在能力的发展方面，鉴于他直到晚年才开始探索这个概念，我们有理由和科胡特商榷一种可能性：孪生需求不仅仅与能力有关。我们在生活中和心理咨询室中不难观察到，同伴关系不只是带来了能力上的相互促进，那种"在一起"的感觉也是弥足珍贵的。因为与他人共同生活而体验到存在感，在许多人眼里比能力的增长更重要。

类似地，理想化需求和镜映需求也都应该包含能力和关系两个方面的感情。一个男孩，可能会把母亲理想化成温柔体贴的理想的照顾者，把父亲理想化成无所不能的人。这就分别是关系方面的理想化和能力方面的理想化。（当然这只是一个简化的说法，实际上一个男孩对于母亲的能力和父亲的体贴也会有所认可)。在镜映需求方面，一个人的才能被认可，和一个人的可爱、宜人性被认可，则分别是能力方面与关系方面的被镜映。

孪生需求的挫折和未满足给一个人带来的痛苦并不难在生活中被观察到。例如在工作场合，我们都希望同事们能力出色、善于合作。一旦落入钩心斗角、冷淡漠然的环境，也就不得不饱尝孪生需求难以被满足的痛苦。

不过，一个人抱怨周围的他人不能给他带来生存的力量和意义，这在某些情况下却与他人无关。当一个人的孪生需求的发展落后于他的实际年龄时，很容易因为这种滞后而遭遇重重困难。我在面向大学生的咨询中经常能碰到一些这样的学生：中小学时代都在重点中学的重点班里学习，成绩优异，但是高考时稍有失误，进入了一个比他所期望的大学名气低一些的学校读书。在这种处境下，有的学生能很快调整自己，学习和人际关系都维持得很好；有的学生的状态则一落千丈。他觉得周围的同学都是不如自己的"低等异类"，自己"沦落"到了与一群不优秀的人为伍的境地，害怕自己从此也变成像他们那样"不成功"的人。有些学生因此而出现抑郁症状。这种学生对于自己和他人的评判，只限于过往的成绩这一项。他难以从他人那里感受到人性的力量，而只是简单地给他人贴上"不成功"的标签。他需要跻身于一群他所定义的"优秀的"人之中，才能够焕发进取的力量和成功的信心。

这里我举一个孪生需求受挫的最极端的实例，它使得"孪生需求"这个术语不再是一个象征性的说法。一对双胞胎兄弟，在出生之后一年，母亲就因为承受不了婆婆的虐待离开了家庭。这对兄弟的父亲在不久以后也离开家乡出去打工了。双胞胎兄弟相依为命，一直到18岁。其中一个考上了大学，来到离家很遥远的城市。在上大学的第一个学期，这个大学生就患上了严重的抑郁，不得不休学回家。他告诉咨询师，他最痛苦的不是离开家乡，而是和自己的双胞胎哥哥分离。他非常需要回到他身边。

另一个相似的例子是，有位女士在她的闺蜜车祸去世之后，哀痛之情久久都不能平息。这位闺蜜去世时是二十多岁，但10年之后她提到此事时仍然泪流不止。这位女士失去闺蜜的体验，比失去父母还要痛苦。她的父母都是性格冷漠的人，反倒是这位闺蜜能够主动地关心她和足够好地理解她。如果一个人没有足够好的父母去理想化，以及体验到被父母足够的镜映，孪生移情有时候就是他唯一能够得到的心理滋养。当情感的重量都压在孪生移情上面，它可以像良好的亲子之情那样深沉。

自体在关系中成长

在镜映需求、理想化需求和孪生需求的推动下，个体和他人形成了三种移情关系。人是在他人所提供的镜映、理想化和孪生三种关系中存在和成长的。有些人可能只提供了一种移情关系，比如早上和你一起挤地铁的人就提供了一段短暂的孪生移情关系。这种关系告诉我们，为了事业和谋生而晨兴夜寐是一件正确的事情。有些人则同时提供了两种移情关系，比如同学之间的认可提供了镜映关系，同学们共同学习的经历则提供了孪生关系。有些人则同时提供了三种关系，例如父母和老师，在理论上应该提供镜映、理想化和孪生的移情关系。

不论孪生需求、镜映需求还是理想化需求，其形式和内容都在人的一生里发生着变化。一个婴儿可能需要父母时时刻刻的陪伴，一个中年人可能需要来自社会的认可，而一个老年人则有可能独自思考文化和宗教问题，活在一个抽象的文化自体客体里，与过往的圣贤去比较自身是不是活得智慧和正直。

前面讲到，人在幼儿时期有比较夸大的自恋需求，它会朝着比较成熟的自尊去发展。一个人的自恋的发展如果落后于他的年龄应有的面貌，就可能被他人称作"自恋的人"。人越小的时候，他的自体是越夸大的。一岁之前的孩子"衣来伸手，饭来张口"，希望母亲对他形影不离，随时照顾他、满足他的需求，他那个时候不会意识到别人也有别人的需求。如果他发现照顾他的人不在场，他就会毫不顾忌地大哭大闹。科胡特说，婴儿的自体是"古老的""原始的"，原始的自体是夸大的、唯我的、完美的。婴儿觉得自己是世界的中心，人人都喜爱他，而且还拥有神奇的能力：只要一哭闹，就会有安慰和食物过来，仿佛掌握了"芝麻开门"的咒语。

原始的自恋是怎么朝着更为成熟的自尊发展的？我们可能会想，婴儿渴了就要喝，饿了就要吃，整天要妈妈抱着，简直是个小小的"独裁者"，那么我们干脆就不要让他支配。例如，妈妈不如狠下心来，定个时间表，到点才喂养他，在其他的时候，他哭由他哭，他闹让他闹，别让他黏住大人，他渐渐地也就知道自己不是世界的中心了，他由此便能获得心理上的独立。

在西方的确一度流行过这种育儿理念，但幸好没有多少妈妈信以为真。婴儿并不是一块没有心灵的木头，当他在现实中没有得到比较及时的满足时，他会借助于想象来获得替代式的满足。例如，孩子"不合时宜"地因饥饿而哭泣，结果无人答应，他就会把手指头塞进嘴里安慰自己，想象着食物的滋味。在他恐惧担心的时候没有人来安慰，他便抓起身边的毯子、衣物来安慰自己。

所以，如果我们从一开始就不以孩子期待的方式去满足他，提供镜映，他就会用想象出来的他人来安慰自己，而且越来越习惯于这种状态，最终对于真正的关系反而有可能感到局促不安。这个孩子看起来可能很乖顺、早熟，其实内心是分裂的，他一方面感到自己是不被人喜欢的、虚弱的、渺小的，一方面又幻想自己能够得到巨大的满足，也会在内心里想象非常理想、强大的他人去依靠。如果这个孩子的发展长期得不到足够的镜映，他对世界的体验就表现得很极端：一方面，他容易把他人神化，另一方面，对方只要有一点点让他失望，他就会觉得对方一无是处。

科胡特认为，如果我们希望孩子的自恋不停留在原始的状态，而是能向前发展，在孩子越小的时候，父母就越应该满足孩子的自恋需要。也就是说，父母应该关注、肯定、共情孩子的需求。当父母能够看到孩子的需求，提供他们所需要的关注、共情和肯定的时候，孩子就感到自己在父母眼中是好的，他也会内化父母的这个看法，于是在他自己眼中的自己也是好的。另外，处于婴幼儿阶段的孩子还需要强大的父母去依靠。当父母表现得足够强大和可以信赖时，孩子就会把父母理想化——他们眼里的父母远远比父母的真实状况要更为强大和完美——然后愿意依恋和信赖他们。

所以在发展的起点上，孩子内心里的自体是夸大的，内心里

第3章 自体的成长

的父母是理想化的。父母要看到孩子的自恋,也要允许孩子把父母理想化。随着孩子的成长,孩子对自己的夸大和对父母的理想化都会削弱,逐渐与现实处境结合并相融合。这是一个逐渐发展的过程。

孩子们需要父母对他们的自体的回应和他们的年龄相称。

刚出生的婴儿,需要父母全心全意照顾他,他就是父母尤其是母亲的注意力的中心。到了蹒跚学步的时候,他就不想要父母时时刻刻照顾在他左右了。孩子在一岁半到三岁的时候,会有一个自主性发展的高峰期。我们能观察到,这个时期的孩子吃饭时总想自己动手,不喜欢父母喂他。如果父母共情到孩子的自主需求,就会放手让孩子自己动手,肯定他的自主性,哪怕他把食物撒得遍地皆是。

父母还要理解孩子在发展初期所表现出的自体夸大性。比如一个4岁的孩子,他打开他爸妈的书,装作读得津津有味,其实可能一个字都不懂。这时候一般父母会竖起大拇指说:"我们家豆豆真棒,都会读书了!"孩子的夸大自体因为这样的称赞得到了满足。这个时期的孩子虽然无须父母时刻围绕在他身边,但时不时会有一些属于这个年龄的夸大自体需求需要被认可。如果在这种情况下父母劈手把孩子的书夺过来,批评孩子"装模作样",孩子的自尊心就会受打击。当然大部分父母都能够理解孩子的这份需求——这是父母的天然能力。然而反倒是受过教育的父母更有可能在这件事上犯错。他可能用成年人的标准对孩子进行道德评判,批评他"装模作样",免得他"长成个骗子";也可能觉得这孩子是个潜在的天才,赶紧教他读书写字,报几个"特长班"。其实孩子需要的是，父母能够看到他的雄心，支持他的成长，而不是灌输和拔苗助长，否则他发自内心的那部分自驱力的发展就会受到阻碍。

另外，孩子的另一种夸大方式——因为父母是强大的，所以我也很强大——也对他的发展有重要价值。如果父母不能在孩子小时候扮演强大的、可依靠之人的形象，孩子早早就对父母感到失望，他也容易对自己失去信心。父母在孩子眼中强大，并不意味着父母必须在社会上承担某些至关重要的角色。一个父亲或母亲的社会地位也许不高，但是他的勤劳、努力、遇到挫折不被打垮等品质会被孩子体验到，进而产生理想化。再比如有的父母虽然受教育程度并不高，但拥有智慧，能够在生活中学习，这也会让孩子们佩服不已。

孩子的夸大自体需要被父母看到，孩子对父母的理想化需要父母能够承担，读者或许会疑问：这样教育孩子，孩子会不会变得很自大呢？

这份担心不无道理。但是科胡特并不主张父母始终应该对孩子"全心全意"。他提出了一个概念叫"适当的挫折"（也被翻译成"恰到好处的挫折"）。他认为，一个人之所以能生长出稳固的自体，除了自恋需求的满足，还有一个很重要的因素，那就是"适当的挫折"。

随着孩子长大，父母对孩子就不像以前那么关注了，对孩子也有不太肯定的时候，孩子会体验到失落感。消化这种失落感的过程，促进了自体的内聚和巩固。

当孩子长大成人，走入社会，来自父母之外的其他人的镜映也会经历失落，这方面的适当挫折继续巩固着自体的内聚性。当一个人在发展的早期经历过足够好的镜映和适当的挫折时，他能够在之后的发展阶段更淡定地体验来自他人的镜映和挫折。

理想化和完美化的破灭

人一生中最先理想化的是父母（或其他以其父母的角色存在的人），最先体验到的理想化的破灭，也往往是对父母的理想化的破灭。这个过程可以是发展过程中的自然现象，破灭的程度可大可小。例如，到了小学阶段，老师们如果能赢得孩子的崇拜，孩子的父母就会被"比下去"。原本完美的父母形象也就打了折扣。然而这可以成为孩子成长的一次机遇——他从老师那里学到了从父母那里没有学到的东西，他会觉得父母也不是全知全能的，也因此对自己的能力增添了信心。如果他内心里的父母基本上是正面的，他对父母的失望就不会是崩溃性的。他在短暂的失望之后，会重新恢复对父母的尊敬。每次的失望都可能使孩子对父母的尊敬越来越建立在事实而不是理想化的基础之上。这种经历过失望而对"足够好"的父母的尊敬被科胡特定义为"成熟的尊敬"——不同于孩子幼年时对父母的带有些神话色彩的尊敬。

最撼动孩子对父母的理想化感受的，莫过于青春期的叛逆经历。多数孩子到了这个时期，对父母和其他重要他人会产生强烈的批判意识。

在一生中，人格持续发展的人，对于父母、对于师长、对于上司，甚至对于他所生存的文化传统，都要经历理想化—理想化的破灭—成熟的尊敬这个过程。

在心理咨询工作中，经常听到来访者问类似的问题："是不是完美的人只在想象中才有？""是不是所有良好关系都会经历理想化破灭的阶段？"这类问题其实很难回答。

仅根据我本人的工作和生活观察，我认为大部分良好的关系都会经历理想化、理想化受挫和成熟的关系的建立这三个阶段。对于有些关系，这三个阶段有可能重复发生。另外，不同的关系，理想化的程度不同，理想化受挫的剧烈程度也不同。越是被严重理想化的对象，让人体验到的破灭感受也往往越强烈。除了理想化破灭，有的关系可能会"再次理想化"。当两人的关系进入有真实的主体间沟通的阶段，是会有不亚于理想化的程度的积极体验的。所谓"主体间沟通"，就是两个各自有自己的主观内心世界的人，在人格足够成熟之时，能够理解对方的内心世界，从而达到心灵相通的状态，而不是只能用自己的主观世界去想象和揣测对方的内在世界。主体间沟通，在很大程度上有赖于自我功能的发展。关于主体间沟通，本书第 4 章将详细探讨。

有些人一旦出现理想化受挫，就很快地切断关系。他的大部分关系都不能进入成熟的关系的建立这个阶段，更不用说再次理想化了。所以，一个人耐受理想化受挫的能力为主体间沟通能力的发展提供了机会。

孪生移情的理想化受挫

除了对父母师长等权威的理想化会经历受挫，孪生移情也会出现理想化和理想化受挫的情况。这是科胡特在他的著述中没有描述的现象，但是在生活中不难观察到。

为了避免和"理想化移情"这个概念相混淆,孪生移情关系的理想化,在后面的文字里我将使用"完美化"来替代。孪生移情关系是互相支持、相互平等的关系。完美的孪生关系给人的体验是,两个人或一群人的想法和感受极端相似,但这种状况经常难以避免地受到现实的考验。分歧和误解迟早要出来考验一段持久的孪生关系。完美化的破灭是和完美化同样常见的现象。一旦能够接受这个真相,并试图维护"足够好"的孪生关系,自体就会变得更加坚实。

父母作为镜映和理想化移情的主要提供者,使得亲子间的孪生移情需求时常被遮蔽而不那么容易被观察到。但亲子关系中的孪生移情需求挫败依然可能影响深远。有个年轻人在中学期间是计算机爱好者,他的父亲跟他有着同样的爱好,他们在这方面有很多的交流与合作,这对于他来说是一段非常美好的回忆。但是在上大学之后他转了专业,去学社会学了,他的父亲大失所望,在他们的交流中父亲时不时流露出对他的"不务正业"的痛惜之情。这给他带来了很大的压力。一度几乎要放弃学业。父亲带给他的,除了作为理想化权威的压力,也包含了孪生需求的过度挫折。他原本以为父亲是一个很容易交流和沟通的志同道合之人,现在却发现父亲缺乏求同存异的气度。

如果这位父亲能支持孩子沿着自己的路径去发展,即使不能提供知识上的建议,也可以提供精神上的支持。倘若如此,这个孩子在兴趣发展方面虽然失去了一个完美的陪伴者,但是能够享受探索新领域带来的兴奋和满足。

另外,不仅对重要他人的理想化和完美化的挫折是人格成长的契机，一个人对自己的理想化和完美化（科胡特称之为"夸大的自体"）的挫折和破灭也是发展的动力所在。例如，在饥饿、贫穷、疾病、失败等挑战下，我们会发现自己的有限和渺小，求生与奋斗的本能被激发出来，在这个过程中自身的能力得到提升。正如尼采所言："凡不能毁灭我的，必使我更强大。"

概言之，在科胡特看来，父母和其他重要他人对于孩子人格的发展有两种促进作用。一是通过对孩子的共情理解，满足他们的移情需求，从而巩固他们的人格发展。二是通过让孩子经历恰到好处的挫折。挫折包括理想化的破灭，也包括镜映和孪生的挫败。

多种多样的关系

自体心理学把移情关系概括成镜映、理想化和孪生三种。人世间绝大多数的关系都可以纳入这个简单且清晰的框架。不过，在人格成长性心理咨询工作中，我越来越发现，有了这个框架之后，还应该进一步具体分析每一种关系。例如，同样是提供镜映，父母、老师和上司所提供的镜映内容就迥然有异。父母更多地关爱孩子的身体和心理健康、理解孩子的感受，而老师更多地关心学生在学识和文化方面的成长，上司对员工的镜映则体现在工作能力与合作能力等方面。如果做父母的像上司那样关注孩子的工作与合作能力，做老师的主要关心学生的身体健康，或者上司把主要的镜映都表现在关心下属学识方面的成长，被镜映的人恐怕会感到困惑不解（除非被镜映者自己对于不同的权威角色该是什么样子也是模糊不清的)。当然,这些不同的重要他人提供的镜映也并非截然不同,如果一个领导者在员工的身体出现状况的时候漠不关心,认为那不是他的工作范畴,或者一位父亲或母亲对于子女的事业追求不闻不问,认为那都是他的老师和上司的责任,这些"纯粹"的自我限定就过于刻板了。

镜映关系的内容因角色而异,理想化和孪生关系也是一样。孩子们大都希望父亲是有力量的、强大的、能够提供生存的支持,希望母亲勤劳、体贴、善解人意。如果父亲和母亲的角色互换,孩子们的内心往往需要特别的努力方能适应这种状况。毕竟在人的天性里对于母亲和父亲的期待是有差异的。虽然在后工业社会中,女性和男性在社会角色上已经不再像传统社会里那么固定,在家庭生活中,尤其在孩子年幼之时,孩子仍然倾向于希望父母所扮演的角色接近传统角色。

在孪生关系中,朋友关系和伴侣关系就判然有别。伴侣关系里包含的爱情和性的欲望是朋友关系里所没有的。而且伴侣之间有着比朋友之间更为密切的、类似于血缘亲情一般紧密的联系。而朋友之间在学识、爱好方面的相似度,可能远远超过伴侣。

如果比较一下同事关系和朋友关系,我们能够发现,无论一个工作团队如何团结,同事关系中都存在着固有的竞争和嫉妒情绪。这种关系往往需要小心维护才不至于分崩离析。而朋友关系里可以没有嫉妒。即便两个朋友在经济上和社会地位上有天壤之别,真正的好友在嫉妒和竞争方面都可能微乎其微——在这一点上,兄弟姐妹之间的关系反而更接近于同事关系而不是朋友关系。

生活中的每一个角色,都可能满足镜映、理想化和孪生需求中的两种或三种。例如父母在孩子小时候满足孩子的镜映和理想化需求，随着孩子长大成人，亲子关系就变得越来越平等，可以变得与朋友关系更相似。如果随着子女的长大，父母和孩子未能完成这种从不太平等向较为平等的关系的转变，孩子心理上的成长也会遭遇困难。

随着日渐成熟，人越来越能理解不同类型的关系需要不同的交往方式。丈夫不是父亲，妻子也不是母亲的翻版，儿子不是那个小时候被父母忽视的自己，老师不是父亲，老板也不是老师，你作为领导也不是你所领导的下属的父母……

生活中父与子、父与女、母与子、母与女、祖母与孙、祖父与孙、师父与徒弟、上司与员工、朋友、兄弟、姐妹、兄妹、姐弟、同事、伴侣……关系多种多样，每一种关系都有其自身的特点。而且同一种关系，在不同的阶段也具有不同的形式和内容。比如恋爱关系，从最初的具有浪漫色彩的相互吸引到相濡以沫，既不可以省略、跨越任何一步，也不可能停滞不变。

人的成长，在很大程度上就是在逐渐读懂由关系构成的一本大书。

身体上的王子，情感上的孤儿

如果让我用一句话来概括本章前面的内容，那就是：足够好的关系对于自体的成长至关重要。

关系之于自体，仿佛营养之于身体。正常发育的身体需要均衡和全面的营养，正常发展的自体也需要均衡且全面的关系。然而出于种种原因，关系就像营养一样，难免会缺失。如果我们观察当今的家庭，会发现如今父母对孩子的身体健康的关注程度登峰造极，物质营养的匮乏已经越来越少见。但是父母给孩子们提供的精神营养——关系——却很难说比以前质量更好。孩子们平时的时间被学业占据、周末他们又被送去参加培训，家庭成员之间的交流机会寥寥无几。

而且，父母们受教育程度的提高，使得他们和孩子交流的方式格外理性，感情交流越来越贫乏。很多父母在自己的求学阶段成绩优秀、在工作方面事业有成，但过于强调规则与工具理性，给情感能力的发展留下的空间寥寥无几。规则与工具理性思维用于家庭之中的亲子相处，固然促进了孩子的规则意识和理性思维的发展，但是在培育孩子最基本的安全感、情感调节与交流能力、沟通能力等方面力有不逮。

尤为不幸的是，父母在事业上的努力，本来就减少了他们与孩子共处的时间，可是他们甚至觉得与孩子共度的时光对双方都是时间上的浪费。这在中产阶级父母中最为多见。

如今的中产阶级，多是通过长期激烈的学业竞争选拔出来的。竞技教育导致的过度的内卷，使得个体在成长过程中思虑有余而勇气不足，性格上普遍谨小慎微。这对于工作而言可能并无大碍，但是在亲子关系方面，父母的角色往往因为这种谨小慎微的气质而打了折扣。出于谨慎，他们对于孩子的身体健康过分在意，害怕孩子受到伤害，害怕他们犯错误。但是孩子在心理上的成长需求——按照自己的想法做事、尝试不同的方法、探索未知的事物，皆因有风险而不被鼓励。

我们经常能碰到这样的例子：一个孩子接受了身体上的无微不至的照顾，锦衣玉食，如宠物、如瓷器，但同时情感和精神需求被忽略。在身体上被当作王子、公主一般照顾，在情感体验上却如孤儿一般的孩子，还有一层更大的痛苦：在别人眼里他们似乎在无病呻吟。他们甚至都无法像一个穷困潦倒之人那样获得一些同情。

成长的"垂直分裂"问题

科胡特提出，志向对于人的成长而言至关重要。一个拥有志向，并且为了实现志向而做出努力的人，他的人格发展有动力，生命也有了意义。

我们从三四岁的孩子身上就能看到志向的雏形。"长大后我要变成超人""长大后我要成为第二个爱因斯坦""我要发明一种药，爷爷奶奶吃了可以长生不老"，当孩子们说出这些鸿鹄壮志时，成年人当然不会信以为真，但他们也通常不会对孩子冷嘲热讽，或者严肃地批评他们异想天开。

幼儿在表达志向时显得夸张，这是在展露一种很原始的能量，科胡特称之为"夸大自体"。成年人如果能够看到这份原始的能量并给予认可和鼓励，随着孩子年龄渐增，它会与生活现实逐渐结合在一起，变成孩子发展的动力。一个4岁的孩子可能会告诉他父母，他要成为"世界上最牛的人"，等他到了20岁，也许他的渴望是"成为世界上最牛的物理学家"或者"最牛的企业家"。当他更成熟一些的时候，他当下的目标可能是在某个领域里有所发现，或者自己的公司能够运转良好，或者能够把自己的生活过好。

第3章 自体的成长

如果志向随着年龄由"原始夸大"朝着"现实可行"发展，能够兼具长远的愿景和一步一个脚印的努力，志向的发展就是比较顺利的。

不幸的是，志向发展的受阻和扭曲比志向的成熟更为常见。如今我们在大学里看到很多这样的学生：成绩优异，多才多艺，看上去异常优秀，然而他可能告诉你，他不知道自己喜欢什么，对自己的能力充满怀疑，觉得自己的优秀空有虚名。他可能会告诉你，他的人生目标是他的父母塞给他的，他只是顺从而已，这些目标和他自己的天性与梦想相去甚远。父母希望他成绩优异，他就努力学习；父母希望他琴棋书画无所不通，他就听从安排去参加培训；父母希望他上大学选个好找工作的专业，他就照此去做。他自己想尝试的东西，可能从来都没有得到过允许和支持。

让我把这种矛盾的体验比喻成两间用一堵墙隔开的房子。一间房子是摆满各种奖状的客厅，符合别人的期待和要求。另一间则是个沉闷的仓库，在这个仓库的地下室里，可能有他小时候为自己做的最初的努力，比如亲手做的木头汽车、塑料火箭，比如几首小诗，几本日记……童年的梦想与他成长环境里的标准答案格格不入，于是逐渐被掩藏起来，成了幻想，只在看电影的时候还能被唤起。而且这个仓库里的人觉得无论如何是不能将这些梦想公之于众的。这种心理状态，就是科胡特所说的"垂直分裂"——仿佛有一堵垂直的墙隔开了我们的内心世界。

科胡特在20世纪六七十年代提出了"垂直分裂"这个概念。那时的美国正处于嬉皮士运动的年代。在第二次世界大战结束以后出生的一批年轻人生活在富裕、强大、法律完备的国家，然而这种"完美"的生活状态似乎也让人失去了真正的自由。社会阶层开始固化，美国的中产阶级父母对孩子的未来也格外操心，送他们去贵族学校，读名牌大学，以便保住既得的社会地位。所以，什么是优秀，什么是能力，突然都有了标准答案、标准定义。实现这些公认的优秀，并不需要发自内心地喜欢一件事情，而是要密切注意这件事情是不是符合标准答案。只有符合了家长、老师、政府、大公司的喜好，年轻人的自恋需求才能得到满足，否则就会在竞争中处于劣势。在这种生存境况下，一个人的内心被隔成两个房间也就顺理成章：一间房子是他努力按照他人的标准去做梦，在另一间房子里他感到虚弱无力、乏味至极，很多属于他自己的梦想根本没有生根发芽的机会。

处于垂直分裂状态的人是矛盾的，他既可能表现得傲慢和爱炫耀，然而，当一份重大的责任放到他面前时，他又会表现出虚弱自卑甚至焦虑、恐慌的一面。他的优秀之路有很强的依附性。他足够努力刻苦，但是他的自主性、独立性、创造力——这些人格的核心成分——并没有得到足够的发展。正因为如此，垂直分裂者经常在自我控制和自我放弃之间波动不已，在自大和自卑之间摇摆不定。

人格初步成熟的表现：整合"大人的一面"与"孩子的一面"。精神分析学家温尼科特提出，人格里孩子气的一面，或者说"本我"的一面里，蕴含着丰富的创造性。他认为，理性和现实感固然重要，但假如我们人格里孩子气的一面被抹杀掉了，就会变得了无生趣和缺乏创造力。

第 4 章 自我的成长
防御机制、应对方式与沟通能力的发展

Chapter 4

弗洛伊德曾经把自我、本我和超我的关系做了这么一个比喻：本我仿佛一匹桀骜不驯的野马，超我则要求自我驾驭这匹野马去实现它的命令。

弗洛伊德对此还另有一个形象的比喻：自我面对本我的冲动、超我的要求和客观现实的限制，就像一个同时伺候三个主人的仆人（一仆三主）。从这个比喻我们能看出，在弗洛伊德眼里，自我并不是一个很有权力的角色，冲动的本我像一个任性的孩子，超我有权威和文化与习俗的加持，时常用"你应该……"这样的语气命令一个人，而客观现实经常不以人的意志为转移。面对三种强大的存在，自我一定是辛苦的。

不过自我的能力因人而异，对于某些人而言，自我确实仿佛一个被三个主人呼来喝去、毫无主见的奴隶，而对于另一些人，自我在很多情况下能够起到斡旋、调节、管理、引领的作用，成为内心世界的组织者和领导者。在弗洛伊德看来，自我最主要的功能莫过于认识外在现实、洞察内心，以及采用防御机制来防止和缓解焦虑。弗洛伊德之后的心理学者们对自我的功能有了更进一步的探索，归纳出了多种多样的自我机能。本章和之后几章将系统地介绍自我的功能及其是如何成长的。

自我的能力大致可以分成感性能力和理性能力两大类。共情理解、情感表达、勇气与节制力、审美和幽默感，这些大致可被称作感性能力。逻辑推演、数理分析、安排计划、实验试验、得失比较，这些是理性能力的体现。但其实这二者经常并非毫不相干。例如在判断何为正义的时候，如果自我从"你不可杀人"这个超我规范开始进行逻辑推导，会把协助受严重病痛折磨而放弃治疗的病人的医生与谋杀者看成同样严重的罪犯。没有对他人痛苦的共情能力，一个人是很难理解法律和其他人不把这个医生与谋杀犯同等惩罚的。

离开了理性能力，仅仅凭着感性能力，自我的某些功能容易带来伤害。例如，富有爱心和长于共情，是一个好心理医生的必备条件，但如果他对于精神医学的知识不闻不问，不愿意运用理性能力去分析来访者倾诉的问题是否属于精神科医生的诊治范围，那么他很可能耽误了一些重性精神障碍患者的治疗，他的医者仁心终归未能落到实处。

自我与防御机制

《乱世佳人》里的女主人公斯嘉丽在遇到困境时，经常宽慰自己："明天又是崭新的一天。"这句话对她而言很有用，能支撑她不被残酷的现实击垮。然而，我听到一个来访者这么评价她：她怎么知道明天不会比今天更糟？

他的反问可谓掷地有声，衬托了斯嘉丽盲目的乐观主义。

我不得不承认，当我读到"明天又是崭新的一天"时，我的内心是敞亮的,彼时我没有思考过明天会比今天更糟这种可能性。但这委实是可能的。

很多人都像我这样,内心里装着一些未经检验的信念。比如有人认为自己在某个职业上一定能够获得成功,有人认为婚姻能够美满,有人认为自己的孩子会大有出息,有人认为自己在退休之前能获得财务自由……

当我们抱持着这些信念时,就会感到生活有希望、有意义,当下我们发愁的事情也变得不那么恼人了。如果认真反思起来,这些信念似乎没有多少根据可言。生活这趟列车可能是在走上坡路,但也可能朝着不成功、不幸福的方向飞驰。然而,"心理健康"的普通人很容易满怀希望。那些陷在怀疑里久久不出来的,除了聪明的哲人,便是抑郁和焦虑发作之人了。

"明天又是崭新的一天""我一定能把这个职业做好"之类的"不严谨"信念,在"聪明人"的反问下难免让人自疑。我们无法否认,严谨地讲,我们的每一秒都可能是自己的最后一秒,幸福会戛然而止,才华突然失去,亲爱的人突然离世。但是同样严谨地讲,我们也可能幸运地平平安安地过完今天和明天甚至余生。面对不确定的人生,满怀希望似乎在逻辑上不够完备,但逻辑完备的生活是难以为继的。

人类有很多缓解焦虑的方式,"防御机制"(又被称为"自我防御机制",有时也被叫作"心理防御机制")是最常见的一种。防御机制包括很多种类型[1]。

---

[1] 布莱克曼.心灵的面具:101种心理防御[M].王晶,译.上海:华东师范大学出版社,2021.

第4章 自我的成长：防御机制、应对方式与沟通能力的发展

斯嘉丽想到"明天又是崭新的一天"，不如把当下的烦恼先放在一边，这是个很好的缓解焦虑的方式。她既能够面对现实的困难，也能够在该放下的时候放下。她能够通过聚焦和想象"更好的明天"让自己保持一个较好的心态。这种"满怀希望"的状态，是好几种防御机制的组合。首先，斯嘉丽在说出"明天又是崭新的一天"时，对现实是有否认（denial）的，明天可能又是充满不幸的一天，而斯嘉丽把这种可能性忽略掉，把明天想象成了可以有所作为的日子。否认就是一种常用的防御机制。其次，斯嘉丽暂时关闭了她对缠绕其身的各种生存压力的思考，让自己睡个好觉，这是对自我功能的一种抑制（inhibition）——这也是一种防御机制。另外，斯嘉丽聚焦于希望感，从而避免体验绝望感，这是一种叫"用一种情感应对另外一种情感"的防御机制。

再举一个例子。比如上文提到过的一个孩子，他父母对他的学习成绩期待甚高，但如若他在考试前出现胃痛、呕吐等健康问题，父母对他的成绩期待就会降下来。这个孩子起初因考试而焦虑时的胃部不适感是一种真实的体验，但是后来他变得越来越关注这种感觉，慢慢地给这种感觉附加了很多自我暗示的成分。虽然医学检查并没有发现严重的病变，但是他的疼痛感来得很频繁。

尽管躯体化症状给这个孩子带来了很多麻烦，但是也帮他缓解了最大的焦虑：成绩达不到父母的期待。如果用学术的语言来解释他的心理状况，那就是：面对来自超我的高标准和严要求（"你应该优秀"），自我很现实地知道实现超我的期待困难重重，这启动了本能的害怕，引起了自体的焦虑。通过聚焦于病痛，自我找到了一条既不违背超我原则（"如果没有考好，不是因为你不优秀，

而是因为你病了"),也不让自体感到过于煎熬(身体上的小折磨,与精神上的自卑相比,其痛苦程度总还是更小一些)的中间路线。此时,孩子表现出的"躯体化"便是一种防御机制。

当然,防御机制是多种多样的。这个孩子也可以用其他的方式化解焦虑,例如用"仪式化"来安慰自己:他发现考试前沐浴更衣可以提高成绩,于是每次考试前都一定要做这个事情。他也可以全身心投入学习,把失败的念头"压抑"下去,把焦虑情绪"隔离"掉。"仪式化""压抑""隔离"都是常见的防御机制。

成熟的防御与不成熟的防御

弗洛伊德认为,有些防御机制是成熟的,有些则不成熟。例如,"否认"在他看来就是一种不成熟的防御机制。例如,我们可以看到一个4岁的孩子说:"我并不嫉妒我哥哥。"他这么说虽然也许是口是心非,但有时他真的在意识层面不认为自己对哥哥有嫉妒之心,遑论承认它了。一个4岁的孩子有这种心态并不奇怪,但如果一个成年人也总是像这样否认自己的感受,他周围的人就会觉得他不成熟。弗洛伊德也认为一个成年人采用"否认"这种"不成熟的"防御机制,意味着他人格的不成熟。

弗洛伊德认为"升华"是一种成熟的防御机制。例如一个人在与出色的同事共事时,受到激励,在工作中付出更多的努力,这就是把嫉妒心或者竞争心转化成对己对人都有价值的行为。

不过把防御机制分成"成熟的"和"不成熟的"两种类型,未必是一种完全合理的做法。斯嘉丽在严峻的生存考验之下使用了否认这种防御机制,相信生活不会变得更糟糕,这固然不是一种现实主义的态度。然而斯嘉丽的否认是有限度的，她不会否认那些确定无疑的事实——比如她父亲的去世或者她面临的、必须去解决的经济困难。她的否认是和其他相对较为成熟的防御机制（例如，"自我抑制"和"用一种情感替代另外一种情感"）结合在一起的。这几种防御机制组合在一起，保证她既能面对现实做出努力，又不至于被灾难预期所打垮。

所以，抛开上下文来判断一种防御机制成熟还是不成熟，现在看来是不太合理的，而是应该看这种防御机制是在什么时候、在什么情境下被使用。我认为，与其定义一种防御机制是否成熟，不如看某种防御机制是不是被成熟地使用了。即使是最"不成熟"的防御机制，也可能是我们赖以存活的基本保障。例如一个不被母亲关爱的婴儿，可能会在内心里想象一个对他关怀备至的母亲，可能会把手指放进嘴里代替乳房去吮吸，这些都能缓解这个孩子的孤独与焦虑。如果没有这种"幼稚的"防御，这个孩子恐怕会更加难以承受孤独。但是如果这是一个成年人呢？如果一个妻子或者丈夫与配偶但凡发生矛盾，就想象着其在两人相识之前曾经交往的前男友或者前女友会更好，假设和前男友或者前女友在一起生活就不会如此……采用"幻想"（fantasy）这种防御机制，恐怕只会加速关系的破裂。

即使对于成年人而言，有时候"不成熟"的防御机制也好于没有防御。如果前面所说的这一对夫妻不能通过沟通解决分歧，甚至"幻想"的能力也没有，也许他们得到的不仅仅是婚姻的破裂，还有因为精神压力而诱发的免疫系统的问题或其他躯体的疾病。这样的例子在生活里并不少见。

如果在某个年龄阶段，在某个情境中通常应该使用更为成熟的防御机制，却求诸不那么有效的更早期的防御机制，我们不妨称之为"不成熟的防御"。例如，一个领导者在自己决策失误之后，却把责任推到下属的身上。推卸责任固然能缓解他的焦虑，但这是儿童缓解焦虑的方式——孩子在碰到挫折的时候责备父母，是最常见不过的了。

不成熟的防御还表现在面对现实问题时只使用防御机制，而不是在有条件的情况下去了解现实和改变现实。假如斯嘉丽只是靠着"明天又是崭新的一天"这句话活下去，而不是在现实中努力改变被动的局面和生存的困境，她就是在不成熟地使用防御机制。

较为成熟的自我，不会在不同情境中使用单一的防御机制，而是会把各种防御机制结合起来，形成防御机制系统。要区分防御是否成熟，应该关注防御机制系统的整体功能，以及其多样性。

多样的防御与单一的防御

玛丽是一位 35 岁的女性，每每在觉得别人怠慢她的时候就会变得怒气冲冲，不与对方吵上一架决不罢休。她在家庭生活、职场和好友圈子里经常突然怒气大作，甚至平时在饭店等场所接受他人服务时，也经常和服务员争吵起来。玛丽小时候生长在一个母亲比较强势、父亲比较柔弱的家庭里。母亲期望玛丽的父亲能够事业有成，收入丰厚，然而她的父亲乐天知命，不思进取。玛丽的母亲一度试图通过言语上的刺激激发丈夫的奋斗精神，但是丈夫总是"烂泥扶不上墙"（玛丽的母亲语）。

这位强势的母亲也要求女儿一切都听从她的安排，对她管到事无巨细的地步。从有记忆的时候开始，玛丽就不断反抗来自母亲的强制。母亲经常因为玛丽的反抗而大发脾气，有几次情绪失控到自扇耳光的地步。当时玛丽表现得格外愤怒，和母亲大闹了一场，结果母亲反倒平静下来了。玛丽的"你强硬，我比你更强硬"的做法从此不断奏效——这当然也与玛丽的父亲对她的暗中支持有关。在这种环境里成长，玛丽只有采用激烈的反抗方能保证不失去她自己。及至她长大成人，她也以激烈对抗的方式应对人际沟通中的不满，这几乎成了她遭遇冲突时唯一的防御方式。

通常，使用单一的防御机制，与一个人在成长中不断重复遭遇某种创伤，或者她周围的重要他人的人际沟通能力比较单一有关。玛丽如果在一个沟通相对顺畅的家庭成长，她就能够观察到，有的时候服软反而会得到对方的同情，有时候摆事实讲道理也能解决问题，或者把事情放一放，有的冲突也就不算是冲突了。

从防御机制到应对方式

我们在使用防御机制的时候，通常没有意识到或者没有完全意识到自己在使用它们。

当我们意图明确地进行某种思考或者做出某种行为以便解决所面临的问题时，当我们无意识地使用的防御机制被我们意识到，我们有意识地使用它们时，这些思考和行为就被称为"应对方式"。例如，有个小学生的父母关系冷淡，时有争吵，他习惯躲在自己的屋子里安静地学习，与父母相安无事。他因此缓解了紧张的家庭氛围给他带来的心理压力。这是一种很有效的防御机制，但他做出这样的行为，可能不是出于意识层面的清晰的考虑。

后来这个小学生的成绩越来越好，得到父母的认可。在他拿回好看的成绩单时，父母的关系也暂时缓和了。他知道他的优秀成绩可以给家里带来和平，就有意识地努力这么做——认真制订学习计划，把绝大多数时间都用在学习上——努力学习就成了他应对家庭危机的方式。

从防御机制到应对方式，是一个从无意识到有意识，由被动地行动到主动地选择的过程。反过来，长期使用的应对方式也会在无意识层面留下印记。上面说到的这个小学生在成年以后，从学校毕业多年，在获得财务自由之后，又回到学校攻读学位。他觉得所有的其他事情，工作、赚钱、为人父母、交友，都不如学习让他感到安心和有意义。他小时候明确地知道学习给他带来的益处——家庭的和睦——而如今他学习的欲望在意识层面已经没有明确的意图了，变成了一种潜在的心理需要。

当然，不是所有的应对方式都是从防御机制转化而来的。有不少应对方式都是通过理性地考虑和有意识地尝试探索出来的。

有个研究生在写毕业论文的阶段，遇到了他自称的"写作障碍"（writing block）。他说他有时候一天只能花半个小时坐在电脑前写毕业论文，其他时间都被浪费掉了，经常连续刷2~3个小时手机视频。一旦坐到电脑前面，"大脑一片空白"。他的归因是"手机视频的吸引力实在是太大了""写文章实在太难了"。

他去找心理咨询师，在自我探索的过程中意识到，自己写毕业论文的时候，偶尔也能一写就写几个小时。可是一旦放下写作，

第 4 章 自我的成长：防御机制、应对方式与沟通能力的发展

再捡起来就很难。他意识到，开始刷视频和进入写作，是两种非常不同的体验。刷视频的时候没有心理负担，打开即可。但是进入写作之前，他要求自己有想法、有文采，而一旦有了这样的目的，坐到电脑前面，他的大脑就开始出现空白。他并不是一个没有想法的人，平时和朋友聊天的时候才思敏捷，从未出现过"大脑一片空白"的状态。咨询师给他的建议是：就像开始刷视频一样，打开你写的毕业论文，阅读和修改你写过的东西，放轻松，享受这件事让你感到愉悦的地方，不要去想它的质量如何，把对质量的关心留到最后修改的时候。

他发现，把写论文当成刷视频，抛开一切对质量的要求，至少在完成论文的草稿阶段，写作会变得自然而然。等到稿件进入修改阶段，因为有现成的文字在那里，也就不容易出现"大脑一片空白"的困难状态。

这个研究生所掌握的写作方式，是通过他对写作行为和其他行为的对比，历经细致的感受层面的分析而学会的。这与把潜意识层面的防御机制上升到意识层面而产生的应对方式有所不同。

这里再举一个例子。有一位 38 岁的女性，是某公司的部门经理，有着很强的工作能力，但她有一个特点让同事们特别难以接受：但凡她以及她要求下属做的计划或者方案，一定要做到完美。结果有时因此而错过了机遇。劝说她去容忍稍微不那么完美的计划和方案是相当困难的。这位女士成长于父母都是教师的家庭，父母对她要求严格，她的成绩也一直很优异。认真、细致和避免犯错误是她脱颖而出，博得父母和老师、同学们的青睐的最主要方式。长期以这种方式应对生活和学习议题，她已经养成了对错

误和不完美的发自内心的反感。然而在职业生涯中,许多事情的成败关键在于能否抓住机遇,而不是做到完美。然而应对方式的改变于她而言几乎是在挑战她的本能。

这位女士在求学的早期,努力消除不完美是她有意识的追求,但久而久之,她对于不完美就产生了在无意识层面的焦虑和不适——而这层感受她并不能清晰地看到——恰恰是这些感受上的不适,而不是事情的不完美所带来的现实后果,在左右着她的行为。

所以应对方式反过来在无意识层面留下的印记,经常会对一个人产生他意识不到的影响。要改变一种应对方式,反倒是要探索与这种应对方式相联系的防御机制。

四种防御机制

压抑

弗洛伊德开创精神分析学的时代,正是英国的维多利亚时期,彼时欧洲人在性道德方面趋于保守。弗洛伊德观察到,很多心理问题的发生与性有关,他由此提出,当人的性意识被压抑到潜意识里去以后,性的冲动可能转化成心理障碍症状。他在《少女杜拉的故事》这本书里分析说,杜拉之所以出现不明原因的咳嗽症状,乃是因为 K 先生向她示爱的时候,她把她对 K 先生的爱恋念头压抑到了无意识之中——她的超我不能接受此事。认为神经症和性压抑有关,这是弗洛伊德的早期理论,及至晚年,他承认生物因素以及自我的功能缺损与神经症的发病有关,并且把人的心理动力扩展为生本能与死本能两种类型。弗洛伊德对其理论的修改,有助于我们更好地理解"压抑"这种防御机制:不仅仅是性意识,只要是我们的超我不能接受的任何想法，都有可能被压抑下去。

我在心理咨询工作的早期，常碰到在性意识方面压抑的大学生，他们大多数来自比较偏远、传统的地区。随着时代的发展，如今的大学生来访者在谈及被压抑的内容时，性不再是最为主要的了。如今给学生带来最大压力的，莫过于成绩和考学方面的竞争，以及求职压力。他们念兹在兹的是如何获得更好的成绩、考入更好的学校、找到最为稳定的工作或者收入丰厚的职位，而自己的兴趣爱好、探究心与好奇心，以及对既定的人生安排的怀疑，在不少人内心已经被完整地压抑下去了。虽然正规教育与发展个性及才能在本质上并不矛盾，但是僵化的考试录取方式和商业社会单向度的竞争，经常压抑了个体的兴趣和想法。

一个17岁的重点中学的学生曾自述说：从读小学以来，除了上学和完成作业，几乎所有的其他时间，他都是在父母给他报的各种辅导班和"素质班"上度过的。每周只有星期天下午两个小时是属于他自己的时间。他如今已按照这个节奏读到高中二年级，成绩优异，琴棋书画都懂一些，正在申请国外的名校，但他天天想的都是如何才能不痛苦地自杀。他对于专业选择毫无想法，认同父母所说的"找工作是否容易，收入高低"是评价一个专业好坏的主要标准。但他觉得自己对任何一种专业都不感兴趣。

一个20岁的大学生说，和他住同一个宿舍的同学，有一个家里很有钱，富甲一方。此同学两年前开着豪车来学校报到，他也曾经被这个同学邀请去家里做客，看到城堡一般豪华的别墅，觉得自己一辈子也过不上如此富有的生活。他说："如果我的终点只是别人的起点，我这一辈子的奋斗还有什么意义？"因为这个同学的存在，他变得抑郁了。

人作为万物之灵长，可以活出意义感的领域原本不可胜数，然而在时代的风潮、他人的影响和成长背景的局限下，有些人的价值视野在相互的攀比中变得十分狭窄。结果他们人生的动力只限于用来炫耀的东西，例如辉煌的学历和奢华的生活，一旦求之不得，人生意义感就有崩塌之虞。

成长于价值视野狭窄的环境之下，个体的兴趣和想法容易遭到压抑，人的生命本能就可能不得不以各种扭曲的方式表现出来。上面那位17岁的高中生说自己经常难以将注意力集中在学习上，花大量的时间在手机上看小说、科普著作和哲学文章。他痛恨自己"浪费了太多的时间看这些无聊的东西，没有努力去找到适合自己的专业"。其实他小时候非常喜欢文字，阅读是最让他感到快乐的事情。他的父母都是出版社的高级编辑，但做了一辈子文字工作的父母坚决反对孩子将来从事这方面的工作，在孩子还在上小学的时候就明确地告诉了他。如今他认为自己花大量时间在手机上阅读与学业无关的东西是对学习的回避——尽管阅读和写作本来就是他的兴趣所在和先天的优势。

上文提到的20岁的大学生，他的父母都是小学教师，他们在他的儿童时期以一种极端的方式强调积攒金钱的重要性。除了基本的衣食住行，他们绝不肯在享受生活方面多花一分钱，在孩子选择专业的时候，也一定是把一个专业好不好找工作放在绝对重要的位置上。当这个学生中学毕业填报高考志愿，想选择一个自己感兴趣的方向的时候，父母就抛出了那句著名的问句——"兴趣能当饭吃吗？"

当这个孩子反驳"如果我去干不感兴趣的事情,又怎么能干好呢"时,父母就抛出更为致命的一句:"兴趣不是天生的,是培养出来的。"

"万一培养不出来呢?"

他的父母说:"有志者事竟成。"然后接着说:"你以为你现在感兴趣的东西,等你真正去学,也未必真感兴趣,比如你的大伯伯,本来是学物理的……"

作为心理咨询师,我想说,这个孩子的父母辩论的能力也算神乎其技。然而,当他们以近乎诡辩的方式竭力证明自己的正确时,实际上阻碍了孩子思维能力的发展。一个孩子在成长的过程中长期面临这种诡辩式的说教,自己的想法很难不被压抑。

隔离

"压抑"这种防御机制的作用是使一些想法不能进入意识——不论是传统社会中那些"不合礼仪"的性幻想还是现代社会里那些"不够主流"的个人追求。

如果想法没有被完全压抑下去,也没有被完全接纳⊖,在"半压抑"的状态里,我们就可能变得纠结不安。

除了压抑,还有一种常见的、与压抑相似的防御机制——隔离(isolation)。

据说三国时期的阮籍是个孝子,在他与人对弈的时候,家人前来告知他母亲去世的消息。而他淡定地继续比赛,直到一局结

⊖ 精神分析学认为完全接纳那些不完全符合伦理规范的想法,但并不见诸行动,比压抑这些想法更有利于心理世界保持平衡,不容易导致神经症。

束,才号啕大哭。如果这是一个真实的故事,阮籍可以称得上是情感隔离的完美范例。

情感隔离和想法压抑类似,都是自我的功能,在被合理使用时能防止或缓解心理冲突、降低焦虑。一个教师在听到亲人去世的消息之后可能仍然需要给学生讲课;一个心理咨询师即使在自己的生活里碰到了问题,在面对来访者的时候,也必须暂时抛开内心的纠结;一个企业家遭遇投资上的重大挫折之后仍然需要冷静面对糟糕的局面……如果没有情感隔离的能力,一个人在承担社会角色时会相当吃力。

但如果一个人在长期的情感隔离之后,没有了丧失之痛、成功的欢喜、心灵相通的快乐、对错误抉择的后悔之情……那么他就仿佛一个智能机器人,没有温度,难以接近,让人敬而远之。而且情感的长久、过度的隔离,会让一个人失去生活的动力和生命意义感。

人生中"发自内心的喜欢"经常是没有什么道理可讲的。有的人发自内心地喜欢阅读,博览群书却不在乎囊中羞涩;有的人发自内心地喜欢挣钱,但并不喜欢花钱;有的人发自内心地喜欢创作艺术品,哪怕很少有人欣赏它们……只要这些发自内心的喜好不危害他人和自己的生存,一个人就有理由受着这些发自内心的情感的推动去有所作为——当然如果这些作为还能给他人带来价值,那就更好了。

我在心理咨询和教育工作中接触到不少自称"对什么都不感兴趣"的人。这种情况,除了一些是由于精神疾患——例如抑郁发作——所致,长期的思想压抑和情感隔离的经历是更为常见的原因。有些人从幼儿园开始，在成年之前的绝大多数时间里就是按照家长和老师规定的时间表做他人规定的事情，他们自己的情感需求变成了几乎可有可无的东西。当一个人从情感还没有完全发育的年龄就开始情感隔离之路，及至成年，要想找回属于他的情感体验，重燃属于自己的兴趣，就变得比较艰难。

过度的情感隔离导致的另一个困境是人际关系上的困难。如果自己的情感始终被隔离到意识之外，一个人又怎么能学会理解和感受他人的情感呢？通常，人与人之间的比较牢固的联结，靠的是情感的驱动，而不是理性的算计。所谓"老乡见老乡，两眼泪汪汪"——人和人之所以建立联结，经常是先有了非理性的好感，才有了互相交往的兴趣和互相认识与理解的可能。

上文提到的那个17岁的中学生，在高一的时候交了女朋友。他的父母得知之后，命令他和女朋友分手，希望他把所有的时间用在学习上，以便申请国外名校。结果他陷入了一种理性上的困惑：如果结束这段关系，自己还算不算一个好人？他虽然相信父母的说法——高中阶段"早恋"是不对的，但是同时他的好朋友告诉他，这么抛弃女朋友，就是个"渣男"。他也觉得朋友的话言之有理。他内心的犹豫和冲突被女朋友感知到了，对方主动和他分了手。当这个中学生在高二的时候和心理咨询师谈起这段经历时，他所关切的仍然是他算不算一个"渣男"，以及"在高中应不应该找女朋友"这样的话题，至于分手的痛苦体验，他直到咨询了一年以后才能表达出来。他所使用的防御机制是理智化与情感隔离，对方无法从与他的交往中看到他对她的真情实感——尽管这份感情并非没有。

前面的章节探讨过"垂直分裂"这个话题。如果一个人从人生的早期开始,他人为了实现自身的理想而诱导或者迫使这个人以他人的理想为理想,此人自己的冲动和情感不被周围的重要他人所尊重,那么这个人就可能发展成一个垂直分裂的人。他对某种成功孜孜以求,看上去颇有动力,也可能很成功、很自信,有时候在别人看来甚至比较自大,但同时,他又经常表现得自卑和弱小。他可能很怕生病、怕死、怕贫穷、怕失败、怕被权威或其他人负面评价、怕被他人孤立、怕不能顺利完成一份学业或者找到一份工作……

总之那个自信自大的他和自卑弱小的他判然有别,那些了解他的人往往觉得他的这种两面性很不可思议:同一个人怎么像一座有两个影厅的电影院,一边放映着《王牌天神》,另一边放映着《落单的羔羊》(Sheep Without a Shepherd)?

进一步了解他,也许你会发现"天神"之所以动力十足,自夸自大,乃是因为内心里那个害怕落单的"羔羊"向"天神"提出了要求:你必须更强大,你必须显示你的能力,否则我(羔羊)就会被欺负、被鄙视、被孤立、被放弃。

"落单的羔羊"压抑了很多具有生命力的想法,让那个"天神"按照他人和社会写好的脚本去扮演一个符合标准定义的强者。

垂直分裂的人隔离了大量没有被接纳的情感和冲动。也许他曾是个喜欢独自探索的孩子,父母却想当然地"强化"他的某些技能,结果他属于自己的时间少之又少;也许他热爱人文,不喜欢数理化,母亲却希望他能够成为工程师;也许他是个宁静和爱思考的人,周围的重要他人却期待他去继承家族的产业;也许他擅长人际交往，有不错的领导力，可是师长们看到的是他的"成绩平平"。在有些情况下，但凡一个孩子表现出某种兴趣或者优势，父母就欣喜若狂地推动他去把它们变成应该奋斗终身的事业，没有意识到孩子的兴趣也是会发展、衰退、转变的。

转置

有一对夫妻，妻子是个勤奋的生意人，是家庭经济收入的主要来源，丈夫是一位兼职出租车司机。丈夫除了每天出车几个小时，剩下的时间就是和几个朋友打牌度日。妻子对丈夫非常不满：他不能给家庭增添收入倒也罢了，对上小学的儿子也不闻不问。她非常担心儿子也变成丈夫那样，于是对孩子的教育非常严格。孩子对待学业也颇为认真，成绩在班里属于优秀者之列。在孩子进入三年级的时候，有一天晚上孩子没有按时回家写作业，而是被别的孩子拉去踢了一个多小时的足球。这个妈妈找到孩子，一时间怒发冲冠，劈头盖脸地把孩子打了一顿。

对于一个处于小学阶段的孩子来说，在学习之余参与体育活动，当然无可厚非。这位母亲之所以勃然大怒，显然另有其因。她的丈夫的生活态度让她大失所望，内心里积压了对他的大量的不满情绪。孩子一个小小的"错误"，正好点燃了她因为丈夫的"懒惰"而积压于胸的愤怒的火药桶。这位母亲的愤怒其实主要是指向孩子的父亲的。这个孩子的体验自然是困惑和恐惧的——他不知道自己似乎不那么严重的"错误"缘何招来暴风骤雨般的攻击。

责备受害者

在所有的防御机制中，也许最糟糕的莫过于"责备受害者"

了。我们经常听到这样的说法：可怜之人必有可恨之处。这就是典型的责备受害者式的防御机制。当人们看到有人遭受重大的不幸时，责备这些人对自己的不幸负有责任，似乎能缓解旁观者的某种精神压力。也许面对他人的不幸，旁观者对世界的公正性产生了怀疑，如果不把不幸者的不幸归因于不幸者本人的问题，旁观者就难以活得理所当然。

我们大概对这样的情境并不陌生：一个孩子被人欺负了，父母或者老师对他说"一个巴掌拍不响"或者"你也要在自己身上找原因"。尽管这些说法并不总是毫无道理，但有些为人父母或者师长者常常在尚未了解事实真相的情况下就会说出类似的话。这么做背后的动机往往是为了回避问题，让自己置身事外。

媒体上经常会报道一些成功的企业家遭遇重大挫折的消息，于是有很多人写文章分析他们失败的原因，清一色指向他们在决策上的失误。这种思路里也有很大的责备受害者的倾向。其实成功和失败在一定程度上和运气有关，即使是一个成功的企业家，也并不能把这个世界的偶然性悉数排除在事业之外。作为旁观者之所以热衷于找到失败者失败的"原因"，有时候是因为别人的失败让他们对这个世界的确定性的信心受到挑战。用"如果是我，我就不会犯这样的错误"这种心态来看待他人的失败，似乎让一个人对这个世界放心了许多。

两种常见的应对方式：制订计划和随机应变

九年义务教育和大学教育在培养人的计划性方面颇有成效。企业、事业单位以及政府的管理者在招聘时对知名高校的毕业生有所偏爱，这在很大程度上是因为这样的学生做事有很好的计划性，容易成为可以按时甚至提前完成任务的好员工。一个学生能够确保学业优秀，计划性是其最基本的能力。这种计划性，是经过十多年的学校教育塑造和筛选出来的。

不过，长期的学习生涯固然促进了计划性的发展，与计划性相平衡的另一种应对能力——变通性——却未必能在正规的教育框架里得到足够的提升。变通性——审时度势和随机应变的能力——的发展甚至可能因为不当的教育而受到阻碍。

拥有几分变通性，不仅能给创造力的发展留下空间，对于保持心理健康和人格成长来说也至关重要。过分依赖计划的人，内心容易失衡，做事效率反而不高，也容易养成过分追求细节和害怕犯错误的心态，常把精力耗费在焦虑、抑郁和悔恨的情绪上。

我观察到，体育活动也许是培养人的应变能力的有效方式。我的大部分有着较为严重的心理症状的来访者一向不喜欢体育活动。有一些研究表明，对于一些抑郁症状，体育活动的疗愈作用不低于心理咨询和药物治疗[⊖]。

共情与沟通能力

共情与沟通能力是自我的另一组重要功能。它们和防御机制和应对方式不同的是，后者，尤其是防御机制，首先是用来缓解

⊖ BABYAK M, BLUMENTHAL J A, HERMAN S, et al. Exercise treatment for major depression: maintenance of therapeutic benefit at 10 months[J]. *Psychosomatic Medicine*, 2000, 62: 633-638.

焦虑、应对超我和本我的冲突、实现本我的愿望的。共情与沟通能力首先体现了人作为"社会人"的特点。尽管人的本我中天生就有利他倾向和利他动机（例如"恻隐之心"和"亲子之爱"），但是如果缺乏共情与沟通能力，利他行为可能会导致"施惠者偏差"。也就是说，利他行为实际上给他人带来了痛苦，损害到了他人的利益或者心理幸福感。

施惠者偏差

很多人在成长过程中都遇到过这样的情境：当他怀疑或者挑战父母和其他权威的意见、拒绝他们的好意的时候，会听到来自这些重要他人的批评——"我这是为你好"。

父母师长向年轻人提出自己的看法，在多数情况下，意图当然良好，想要施惠于晚辈。他们用"我这是为你好"来重申自己的施惠意图，乃是觉得提出不同意见的晚辈是在质疑他们的良苦用心。而晚辈对父母师长的做法表示不满，只是在质疑他们的做法的有效性，而不是在怀疑他们的用心。

这种错位的交流，离真实的沟通越来越远，往往会演变成一场攻击和诡辩——各自极力保护他们的自尊心。

如果父母师长碰到来自晚辈的挑战和质疑时，倾听他的所思所想，并能认可对方观点的可取之处，沟通就不太会陷于绝望的对立。否则，即使意图良好，也很难产生良好的沟通效果。如果父母师长作为施惠者执着于自己意图的良好，认为出于良好意图的意见和做法就应该被接受，那么被施惠者往往会体验到多重的痛苦：①他会有内疚感——不接受施惠者的好意似乎是忘恩负义的。②他会有绝望感——他无法被理解。③他会有困惑感——"我这是为你好"这种话听起来好像言之有理。

施惠者如果缺乏沟通能力，徒有强烈的施惠动机，难免导致"施惠者偏差"，甚至把施惠变成伤害。我在《感受的分析》一书里曾经这么定义施惠者偏差：

> 施惠者的施惠行为，并不总是得到被施惠者的认可，有时反而得到的是反感甚至愤怒。在某些情况下，当施惠动机超过一定的强度，动机越强，其效果越差，被施惠者的反感或愤怒也越强烈。㊀

我在心理咨询中接待的青少年来访者，有一个普遍的现象：他们中的多数都有对他们特别操心的父母。当我跟来访者的父母沟通的时候，他们会竭力捍卫自己的做法的正当性："我也不想这样啊，但是这孩子太不让我省心了。"起初我觉得也不无道理，养孩子确实不省心。比如有些孩子天生就活泼冲动、注意力不容易集中，有些孩子天生被动退缩、敏感焦虑。父母碰到"不省心"的孩子，心头难免时不时升起担忧、恐惧之情。

不过随着我接触这方面的案例越来越多，不得不承认，多数孩子并不需要父母特别操心，但是面对孩子，一个家长实在容易变得"精神失常"——不论这个孩子有多正常。

我这里用"精神失常"这个词，当然不是说这些父母一定是罹患了某种精神障碍，而是说，在父母养育孩子的过程中，容易变得像患上某种精神障碍一样，处于不那么正常的状态。例如很

㊀ 訾非. 感受的分析：完美主义与强迫性人格的心理咨询与治疗 [M]. 北京：中央编译出版社，2017.

多母亲在子女面前苦口婆心,"生命不息,唠叨不止",有极强的控制欲。但是在社会上,她们还是能够有所节制,大多没有弄到众叛亲离的地步。然而,在家里面对孩子,训诫说教的闸门就是关不住。

我曾经询问过这样的母亲:"为何在单位里,当你有所担忧时,你还可以对同事和领导适当提醒,适可而止,为何在家里面对孩子,就老是杞人忧天?"她们最经常给出的答案是:"在单位里,别人听不听,我把话说到了就好,后果他们自负;但是在家里,孩子发生点什么,那可就不一样了。"

现在的社会,在养育孩子方面,给父母们提出了越来越苛刻的要求,而这些要求,作为肉身凡胎的人类实在是很难承担。比如对于孩子的身体健康,父母们觉得不能犯任何错误,以免留下终身的遗憾。我总是听到父母们因为孩子染上过肝炎、肺炎之类的传染病,内疚之情不能释怀。在学习方面,那就更是警钟长鸣。"因材施教"这个教育铁律已经被放到一边,在一种恐慌的社会氛围里,父母们都期待孩子上大学、上好大学,如果有可能,上最好的大学。这种恐慌又被社会阶层固化现象所强化。再有,原本教育的职责主要由学校和教师承担,而由于教育资源受限,很多应该由学校和教师承担的工作被抛到父母手中(例如激发孩子的兴趣爱好以及培养孩子人际关系的能力),但父母毕竟不是专业的教育者。即便他们是,如果他们在自己孩子面前同时承担父母的角色和教师的角色,也难免导致角色冲突。

青少年原本在青春期之际就有强烈的离家倾向和独立倾向,由于工业化的发展和教育年限的拉长,却在这个时期甚至此后的

第4章 自我的成长：防御机制、应对方式与沟通能力的发展

成年早期仍然要和父母生活在一起，由父母承担很大一部分教育和经济责任，而此时的父母就其天性而言缺乏与"延长了未成年期"的孩子相处的能力，通过后天的学习来扮演这个角色也绝非易事，这就使得这个时期的亲子关系经常变得剑拔弩张。

另外，如今有一种流行的观点：孩子成年以后的成就的大小，经常被认为与他们未成年时期的父母教育有关。这无形中也增加了为人父母者的压力。事实上，并没有足够的证据表明，个人成年后的成就与父母早年的教育有明确的关系，反倒是成年后的主观幸福感与之确切有关。但是大多数父母在教育孩子的时候，很少考虑他们成年后的主观幸福感，而是更关心他们客观的社会经济地位。

似乎当社会发展到一定的阶段，社会舆论就比较倾向于把一个人的成就与其父母联系在一起。例如，如今我们看不到孔子的成就与他的父母的教育有关的记载，而关于孟子和他母亲的关系的记载和传说就有不少，"子不学，断机杼""孟母三迁"……似乎孟子之所以成为孔子之后儒家的又一个集大成者，全有赖于他有个重视教育的母亲。

虽然孟母三迁的故事也许是后人杜撰的，但它可能也有一定的现实性，当一个社会发展到阶层固化的阶段，不复是"英雄不论出身"的时期，父母通过在教育过程中引导和控制，使后代获得更多的机遇和资源，从而脱颖而出，可能变成一种竞争的手段。在老子和孔子的时代，一个学者的学说能不能获得影响力，主要在于学者本身的能力。到了孟子的时代，成为某个学派的门生，就有搭便车的便利，"学历背景"也就变成一种特权。

然而，正常发展的青年会希望自己成为一个独立完整的人，

并不愿意立刻踏上由上一辈人铺好的路。父母若是能够理解孩子的独立需求，孩子能够理解父母的舐犊之情，都学着尊重对方的情绪，这种分歧本就不会发展到剑拔弩张的程度。

"我这是为你好……"这句话的意思是，只要意图是好的，我的做法也就是对的。然而，在不了解对方需求的情况下对别人好，轻则不着边际，重则事与愿违。这种施惠者偏差经常带来施惠者和被施惠者的激烈冲突。施惠者越是希望有所作为，被施惠者就越是体验到强迫性和被入侵的感觉；反过来，被施惠者越是反感，施惠者出于焦虑和担心就可能变本加厉地"为对方好"。结果相互强化，南辕北辙，让冲突不断升级。造成这种情况的另一个重要原因是施惠者缺乏共情能力。

所谓共情能力，一言以蔽之，是一个人站在另一个人的角度去理解对方的能力。这句话看上去似乎平淡无奇，但共情恐怕是人际相处中最困难的事情。

施惠者偏差经常发生在高焦虑者身上，因为当一个人活在焦虑情绪之中时，很难有精力去理解别人的所思所感。[⊖]

有些人或许并非高焦虑者，但在某些社会关系中也会被焦虑所淹没。例如为人父母者，即便心理还算健康，面对子女——尤其是青春期及以后的子女——也可能失去共情的耐心。很多为人父母者在面对生活中的其他人时，愿意倾听他人的想法。但由于孩子是他们生命里最重要的存在，难免产生过度保护的倾向。当

⊖ 自闭症者也是共情能力低的一类人群，高功能自闭者可能有很高的逻辑思维能力，也许会在与理论和想象力有关的领域做出杰出的成就，但其几乎天生的低共情能力使其在人际情感交流方面难以达到足够好的水平。

孩子逐渐长大，有了自己的主张，其生存范围也远远超出了父母所能掌控的范围，父母更有可能变得忧心忡忡。如果父母的性格偏保守、自身的安全感偏低、对生活的掌控感的要求较高，那就容易陷入焦虑情绪，成为施惠者偏差的制造者。

除了父母师长和孩子之间的施惠者偏差，同辈人之间也会出现这种情况。人们太容易给同事、朋友们在工作、恋爱、婚姻、理财等诸多方面出主意，其发心多数情况下固然良好，然而我们往往是用自己的想法和感受去推己及人，难以真正了解他人的需求和恐惧。

共情能力

"己所不欲，勿施于人"是一种源远流长的儒家处世态度。它主张我们应该把他人看成和自己一样的人，如果我们不希望别人用某种方式对待我们，我们也就不要用这种方式对待别人。例如，如果我不喜欢被别人贬低，那么我就不要去贬低别人；如果我犯了错误希望别人能原谅，那么我也应该在别人犯了错误的时候去原谅别人。这种"将心比心"的态度肯定是有价值的。现代心理学所归纳的"黄金法则"实际上在讲同一个意思："像你希望别人怎么对你那样去对待别人。"

然而，即使我们能够遵守"己所不欲，勿施于人"这个原则，我们切莫以为人际沟通问题就一劳永逸地被解决了。人际关系中还有更多的难题。

例如一位性格比较自卑的父亲，也是个比较害羞的人，非常不习惯于被人称赞。虽然他事业比较成功，做人也很正直，但从来都不能坦然接受别人对他的正面评价。他对于他人也难以说出认可之词。

他的儿子在上了大学之后对心理咨询师说，无论自己小时候学习多么努力，成绩多么优秀，父亲从来都没有半句赞许之言。这个孩子觉得这是一种长期的折磨。所以，尽管这个父亲做到了"己所不欲，勿施于人"，但他因为不理解儿子的需求，并不能提供儿子所需要的心理支持。

所以"将心比心"只能算人际相处的一种基本态度，在此基础之上，我们还必须意识到别人和我们自己有很多不同，有不同的人生经验、不同的感受和不同的期待。仅仅用自己的感受和经验去推测别人的感受和经验，是比较粗糙的人际能力。一个人只有站在另一个人的角度去理解对方，贴近他人的经验，他才有可能真正理解另一个人，这就是所谓的"共情"。

将心比心已不容易——因为人性里的利己倾向会让我们期望更多的获得、更少的付出，以至于经常己所不欲却滥施于人。但比起共情，将心比心的难度又略小一些。俗话说，"人心隔肚皮"，我们怎么才能站在别人的角度去理解另一个人、贴近那个人的经验呢？

其实，他人时刻都在向我们展露内心，就像一本书摊开在我们面前，但我们经常沉浸在自己的世界里而对其熟视无睹。例如许多父母与孩子朝夕相处，却只是向孩子发出命令、提出要求、给予建议，没有一秒钟愿意看到孩子本来的样子、倾听他们的想法——即便听了，也要马上修正、影响、教导。

如果父母在耳提面命之余，有那么一些时候能够不带评价地倾听孩子的想法，听到以后也不急于拿它们和"正统"或者"正确"

第4章　自我的成长：防御机制、应对方式与沟通能力的发展

的想法去比较，不忙着评价或者提建议，那么此时父母就有可能看到孩子的内在世界——这对于一个孩子而言是非常珍贵的时刻。

当然，倾听只是打开了共情的第一扇门，一个人对另一个人的共情是有不同的深度的。例如，一个成绩优异的高中生在高三下学期出现了焦虑和抑郁的状态。心理咨询师起初从来访者那里听到的都是他对学校的抱怨、对学习的厌恶。但是在高考那几天，他显得格外焦虑和抑郁。这个被父母定义为"厌学"的高中生后来告诉心理咨询师，他最大的压力不是来自学校和高考本身，而是他觉得自己达不到父母在他小时候就灌输给他的一个信念：一个人上的大学越有名，说明他的智力越高。这位来访者的父母甚至有意无意地表达了一种观点：智力不高的人不配活在这个世界上。

心理咨询师共情到来访者对学校的不满、对学习压力的畏惧，相对来说不太困难——只要我们愿意倾听。但是共情到来访者更深层的感受和更为隐秘的想法，就不那么容易。在很多时候，来访者自己都没有清楚地意识到那些具有决定性作用的想法和感受。例如这个高中生虽然在成绩优秀的同学面前表现得比较自卑，但是并没有意识到他父母看待"聪明的孩子"和"笨孩子"的不同态度深深影响了他对于同龄人的感受，他一直觉得他那么在意一个人是不是聪明，是每一个学生理所当然的态度。

当这个高中生发现他的这种想法并非天经地义，而是源于父母和学校潜移默化的影响，他对学习和成就的看法就有机会变得不那么僵化了。当然，细心的读者可能会有疑问：如果这个学生在接受心理咨询前没有意识到父母的价值观对他的学习态度的影响，我们怎么能肯定，经过一段时间的咨询，他新发现的这个"事

实"（即内化了的父母的价值观影响了他的处世态度）是他内心原本就有的真实体验，还是被心理咨询师暗示的结果？○

如何避免心理咨询师在工作中由于暗示效应使来访者产生一些远离事实的归因呢？关于这一点，有的心理咨询师主张，在工作中，心理咨询师应该做一块"白板"，让来访者在心理咨询师这块"白板"上投射出自己的想法。心理咨询师只是陪着来访者去探索。例如，上文这个高中生在同学们参加高考期间感到焦虑，心理咨询师会说："你讨厌学习，但你听到高考的消息时却又感到不安，这看起来似乎是矛盾的。"来访者是不是因为害怕高考成绩达不到自己的目标而选择了逃避？在心理咨询室这个足够安全和开放的环境中，他是有可能自己发现的。当这个来访者意识到自己还是很想上大学，并且在咨询中表达出来的时候，主张充当"白板"角色的心理咨询师可能会这么说：据我所知，你的成绩优异，足以考上一个不错的大学……

这样的心理咨询师仿佛是来访者的一双眼睛，和来访者一起看他自己的内心和生活，假以时日，来访者能够发现自己深层的感受和隐秘的想法，而心理咨询师的暗示作用可以得到最大限度的避免。

但是有些心理咨询师认为上述做法过于保守和谨慎，效率不

○ 来访者在心理咨询中接受了心理咨询师的暗示，但被暗示出来的"事实"可能并不是真相，这种现象可谓比比皆是。比如，在心理咨询界曾经有一种把个体的心理问题都归因于原生家庭关系的倾向——虽然发展和教育心理学的研究并没有得出这么绝对的结论。其实一个人的心理问题与遗传素质、成长经验、现实的处境、身体状态等诸多因素都有关系。心理问题往往是多种因素叠加的结果。

高。他们可能会直截了当地对来访者说:"你对高考好像还是蛮在乎的。"来访者闻之便有可能点头承认。较之于一个保持"白板"状态的心理咨询师,这位心理咨询师的较为直接的回应,有可能说出了来访者的内在感受,让来访者觉得心理咨询师一下子走到他心里去了。但来访者也有可能虽有这种感受,却断然否认——他需要使用这种防御机制来防止某种令他焦虑的真相。或者心理咨询师并没有理解来访者的真实感受,他在高考那几天的情绪波动另有原因(例如同龄人将要相继离开他去上大学,这对于一个外向、渴望朋辈关系的人来说也是一个不小的挑战)。

总之,后一种心理咨询师有可能因为交流的直截了当而得到一部分来访者的认可,从而使有些来访者的咨询进展相对快速一些,但也可能误解来访者,或者对来访者产生一定的心理暗示,或者碰到坚硬的防御甚至因此导致来访者的脱落。

我主张把两种态度糅合在一起,对于不同的来访者,以及在咨询的不同阶段,在"白板"和"直截了当"之间应该有一定的偏重。例如,如果心理咨询师发现来访者的性格比较依赖顺从、易于受暗示,就必须谨慎地表达,意识到自己说出来的判断和理解都可能有暗示效果。尤其是当来访者对心理咨询师认可有加时,心理咨询师要提高警惕,不能得意于自己的"理解力"和"说服力"。心理咨询师需要认真考虑他对来访者的理解是否基于足够的证据,是否形成了"证据链"。⊖

⊖ 有时候自恋的心理咨询师和顺从的来访者之间会形成一种"自大者和崇拜者之间的暗示-被暗示关系",于是心理咨询就不再走向心理咨询师对来访者越来越深的理解,而是心理咨询师对来访者越来越多的影响,让来访者的头脑变成心理咨询师的想法的"跑马场"。

咨询室里的咨访关系与日常生活中的人际关系虽有所不同，但就共情而言，每种关系都可以借鉴咨访关系。如果亲子关系、伴侣关系、同伴关系、同事关系中没有一定程度的共情，就像食物里没有盐，变得令人生厌。

当然，人在处理日常生活里的关系时也不是时时处处都必须共情。有些心理学者对"过度共情"持批判态度，这是有一定道理的。比如在亲子关系中，父母能够倾听孩子的需求，对孩子的内在体验感同身受，确实有助于亲子关系的发展和孩子的成长，但是父母对未成年的孩子也不能没有一定的引导性。假如孩子向父母提出不切实际的要求，他们也必须有说"不"的底气。再比如要维持好同事关系，在多数情况下，首要的条件是遵守共同的规则（即所谓的"劳动秩序"）。共情虽然重要，但共同遵守的原则更为重要，一旦被破坏，组织的正常运行也就岌岌可危。

共情是一个逐步深入的过程，起初一个人对另一个人的理解是表浅的。例如上文谈到的那个高中生，别人比较容易感受到他对于高考的焦虑。但是他这份焦虑背后的东西，例如由成长经验积累所成的想法和情绪体验，以及他当下的生存境况，即构成焦虑的原因，只有经过一个较长的过程才能被别人理解到。

概言之，我们需要沿着时间的轴线去纵向地理解一个人，又需要把这个人放在他所处的空间里（比如当下他经历的事情和生存环境）去理解他的当下处境。

就时间轴而言，上文谈到的这个高中生，在比较多的咨询之后，心理咨询师意识到"一个人上的大学越有名，说明他的智力越高"这种想法在他的内心里之所以扎下了根，成为一种信仰，是因为有一个长期发展的轨迹。他父母对于学业成绩和智力的重视固然在其中起到了关键的作用。但他强烈的自卑感（这与他自小就没有得到父母足够的认可，以及寄养家庭的频繁变化有关）也在其中起作用。他自小就是一个比较孤僻的孩子，朋友关系匮乏，体育和文艺也不出众，对于同学们课余谈的那些话题，他也知之不多，青春期以后也没有得到过女同学的青睐。总之，除了成绩还算优秀，他几乎没有什么地方值得自豪。考试成绩成了维持他的优越感的唯一支柱。

就空间而言，这个高中生处于一个关键的人格发展时期——自我同一性的形成期。"我是谁？""我在同龄人里处于什么位置？""我将来想成为什么样的人？"此类疑问时时向他袭来。虽然他身边的同龄人都在"千军万马过独木桥"，他却待在自己的世界里，难免容易感到与大家脱节。另外，在他这个年纪，脱离父母的影响的诉求也是其人格成长的一部分。而且还有整个社会对于个体的期待：自食其力、地位崇高、财务自由……

其实我们每一个人在当下都像这个学生一样处于时间和空间的交叉点上——个人历史的积淀和内外环境因素的交点上，要理解任何一个人，都必须贴近他的经验。而要贴近他的经验，就不能不从时间和空间两条路径去一点一点地理解他。

虽然人和人之间真正的理解最为不易，但是只要交流者保持倾听和共情的态度，交流就可以进行下去。一个善于交流的人，不会期待一蹴而就的完美的理解，而是能保持交流的耐心。

除了耐心，使共情能够朝深处走的因素还包括思维能力和知识经验。这是下一章要讨论的主题。

另外，人生阅历对一个人的共情能力也会有所助益。例如在心理咨询工作中，如果心理咨询师和来访者有过相似的人生经历，就有可能比较快地理解对方。我本科阶段曾经就读于一个工科专业，我的"理工男"来访者所描述的内在体验我经常能感同身受。例如，有些从事工程工作的人，由于太多的精力消耗在与数字、计划、物体打交道上，常常觉得内在的情绪流动受到阻碍。对于一个从中学时期就偏向于文科学习，在上大学时修习的专业偏人文方向的心理咨询师来说，这种感受理解起来往往颇有难度。

不过，我攻读工科专业的人生经验在帮助我比较快地理解某些"理工男"的内心世界的同时，也让我容易落入一种偏见，以为我的体验就是他们的体验。其实有些从事工科专业的人士，对人与人之间的情感交流并不太感兴趣，甚至感到不安。他们宁愿与数字、计划、物体打交道。而且即使是那些与我有相似体验的"理工男"，他们的体验和我的体验也可能在一定程度上有很大的差别。

所以，人生的阅历虽然有助于共情，但真正的共情，是基于我们对被共情者内在感受的贴近的体察，而不是用我们自身的经验去给对方的感受贴一个标签。

主体间沟通能力

如果能够共情到他人的想法与感受，就走向了建立主体间沟通关系的第一步。所谓主体间沟通关系，就是在共情的基础上发展出的两个人之间的互动。主体间沟通关系需要互动的双方具有两种能力：①能把我们对他人的理解以恰当的方式表达出来，让对方感到被理解。②对于我们自己的感受，我们能用他人可以理解的方式恰当地表达出来。这两种能力，就是主体间沟通能力，让我用一个例子来说明。

作为心理咨询师和督导师，我经常能够碰到这样的情况。一个女孩按照世俗的标准来看并不是大美女——可能因为太胖或者太瘦，或者五官、身材与"标准的"美女的模板相去较远。她也觉得自己不漂亮。她把自己没能找到中意的男朋友、没能找到满意的工作都归因于自己的相貌平平。这个女孩在咨询中可能会问心理咨询师："您觉得我长得漂亮吗？"

我们大概不难共情到她的表层感受：她对自己的长相不满意，她希望知道在心理咨询师眼里她是不是好看。但要想对来访者这句疑问给出一个合适的回应却并不容易。

假如直截了当地表达我们对她的理解，说："你似乎对自己的长相不满意，你希望知道你在心理咨询师眼里是不是好看。"这是精神分析流派的心理咨询师惯用的方式，目的是引导来访者去看到他们话语之下的感受。

然而，有的来访者听到心理咨询师不直接回答她的询问，会认为咨询师不真诚，是在敷衍她。

有位心理咨询师采用了一种很特别的回应方式，他问来访者："如果我认为你长得非常漂亮，或者认为你长得有点普通，对于我们的咨询会有什么不同的影响吗？"

来访者说："如果在你的眼里我长得漂亮，你就会更加重视我，会更用心地给我做咨询。"

心理咨询师说："那我就是一个摄影师而不是心理咨询师了。"

我认为这位心理咨询师有着非常出色的主体间沟通能力。一方面，他的回应是基于他对来访者意图的了解；另一方面，他也把自己的想法用一种真诚、关怀且不伤人的方式表达了出来。

我并不否认，即使这么回应，仍然会有来访者继续执着于"我在咨询师眼中是不是漂亮"这个问题。如果这位来访者是一位不折不扣的"颜值控"，这份执着本身就是他来咨询的核心议题之一。不论心理咨询师的共情与沟通能力有多出色，以及做出了何等用心的努力，都要耐心等待咨询进程的发展。（这里且不提咨询中与相貌有关的移情关系的处理。）

一个人想让对方理解自己的感受，这并不是件容易的事。如果来访者坚持不相信一个称职的心理咨询师不会对颜值高的来访者更用心和更关心，那么心理咨询师要获得他的信任，就需要更多时间的沟通和更为深入的交流。

主体间沟通能力也有赖于"角色转换能力"。例如一位小学老师，在学校与学生的交流主要是教导和引导式的——她提出要求，学生完成它们。如果学生在这个过程中偏离要求，比如没有完成作业，她会严肃地批评，也会通过其他方式加强纪律——例如去和不交作业的学生的家长联系。这位老师的工作一直以来都是卓有成效的。

这位老师回到家里，作为自己孩子的家长，并不会把她和孩子的交流完全变成教导和引导式的。她虽然也给孩子报了补习班和乐器训练班，但当孩子提出不喜欢乐器，而是喜欢绘画的时候，她尊重了孩子的选择。当孩子因为没有完成作业，她被孩子的老师联系了之后，她会耐心地询问孩子最近发生了什么事情，对学校和作业的态度与感受是什么。所以作为家长，这位老师也是称职的。她在老师和家长之间转换角色的能力很出色。

但也有一些做老师的家长，在家中对孩子的养育方式和在学校里教育学生的方式没有太大不同。他们把老师的角色带进家庭里，以至于孩子感受不到足够的来自父母的温暖，缺乏被充分理解的机会。结果母亲或者父亲的角色名存实亡，孩子仿佛一天24小时都生活在学校之中，很难有感到足够放松和安全的时候。此种处境下的孩子容易遭受心理问题的侵袭。

再比如，有些从事精密的技术工作的人，在家庭生活中依然奉精准、秩序为圭臬，要求家人和孩子把每一样东西都置于固定的位置，做事和出行都按照精确的时间来安排，对于生活中细微的差别斤斤计较，甚至对家人和孩子身上出现的细微变化明察秋毫，于是家庭生活仿佛在实验室里、在放大镜下，大家的身心始终处于紧张之中。

有的从事医疗工作的人回到家中，对于污染和清洁依然念兹在兹，让家人们觉得如果不时时消毒，就会被细菌、病毒团团围困……

总之，人在不同的生存空间里活动，扮演着不同的角色，当角色发生错位时，沟通也会沦为错位的沟通。假如一个孩子和父母的沟通始终像学生与老师、病人与医生、工人与工程师、员工和老板的沟通，虽然看上去这类沟通也有可圈可点之处，但亲子关系中本来应该具有的核心感受——安全感、独立性、自尊感——却很遗憾地缺失了。

作为父母，他们对于成年后的子女的人生一定仍然充满关心和期待，此乃人之常情。但是人生的课题原本就"戛戛乎其难哉"，父母自身在职业上何尝不一筹莫展、在感情上也往往坎坷多舛。那么面对下一代人的人生谜题，还不如保持谦逊，承认自己的无知，让下一代早些成为他们自己的主人。

第 5 章
自我的成长
智识的发展

Chapter 5

本章谈一谈自我的另一种功能——思维能力。

思维能力可以大致分成两个相关的成分——智慧和知识。本书把它们合称为"智识"。

我们大概都同意这样的说法：有大量知识的人未必有智慧。虚假的知识给智慧带来的损害自不待言，即便一个人拥有很多真实的知识，如果这些知识被用在了不恰当的地方，或者因为拥有了一些知识而把新知识拒之门外，那么这个人依旧是愚不可及的。

不过我并不认为智慧比知识更为重要。如果有智慧但缺乏具体的知识，所谓的智慧也就成了空中楼阁。例如，如果没有接受过足够的医学专业训练，不论一个人的思维多么清晰和靠谱，他都不可能是一个称职的医生。

所以，智慧和知识之间的关系是微妙的，它们可以相辅相成，也可能相互冲突，自相减损。本章探讨智识的发展，会不断涉及智慧和知识的关系问题。

"仿佛有道理"：我们思维的惯常状态

每年高考填报志愿时，亲友的孩子和他们的父母就会向我询问专业选择之事。"我适合学什么专业？""学哪一种专业有前途？""考这个分数上哪个专业最划算？"

面对这些不断重现的灵魂之问，起初我并不为难。我一向主张，读大学的时候应该选一个自己感兴趣的专业，去一个你感兴趣的城市，满足这两个条件足矣。至于将来要以什么专业谋生，这个问题不是用半个暑假四处打听一番就能解决的。

然而，当我如此回应时，经常会得到家长们的一个灵魂反问："兴趣能当饭吃吗？"

我也就无言以对。

他们的反问听起来也很有道理，这就让我的主张一下子显得过于理想主义了。

其实我既不反对一个人在选专业时以就业和收入为导向，也不反对他以自己的兴趣为导向。我以前之所以主张选一个自己感兴趣的专业，去一个自己感兴趣的城市，乃是因为，什么专业适合自己、什么专业收入比较丰厚之类的问题，很难预先找到答案。个人兴趣反倒是相对而言能抓得住的东西。（至于有些学生说"我不知道我对什么感兴趣"，那就是一个更为复杂的心理学话题，不在此处讨论。）

然而，一旦家长抛出那句"兴趣能当饭吃吗"，冷静的思考就变得难以为继。我当然可以拿出我在心理咨询工作中或者生活里碰到的大量例子来为兴趣做辩护。不过根据我的经验，抛出这种话语的家长，绝大多数对它背后的事实并不感兴趣。如果你给家长举那些沿着自己的兴趣发展，最终活得充实且成功的例子，他们会说自己的孩子资质平平，不属于可以任性的那一类。如果你给家长解释说，即使沿着自己的兴趣发展，在就业路径上也可以根据市场需求做出调整，他们会和你谈时间成本。你能听出来，他们内心里有个坚定的声音：4年以后，这个孩子必须有个性价比最高的去处，决不可以在职业这件事上观望彷徨、浪费时间。

家长们面对填报高考志愿这样的事情，循着一种非常古老的思路，仿佛一个志愿填下去，一生的富贵荣辱的"调子"就定下来了。

有句老话，"女怕嫁错郎，男怕入错行"。在古代，一个男人十多岁就开始了一生的职业，事业上可选择的余地少得可怜。一个活在古代的女性，十七八岁的年纪甚至更早就要面对这一辈子要和哪个男人过的问题，生死宠辱在此一举。家长们在面对孩子高考、择业这些事时，内心翻涌的就是这种古老的情绪。

"兴趣能当饭吃吗"所表达的是一种深深的忧虑。即使在如今有无数证据表明这类担忧已显过分，它依然挥之不去。

其实对于孩子的兴趣，以及社会需要什么样的人才，大多数家长都没有精力去考虑和调查。他们给孩子提出的择业建议往往是基于非常有限的人生经验。

所以我们可以看到那么多奇怪的例子。在计算机开始萌芽的时候，家长们坚决反对孩子学计算机，而是让他们必须学机械和电机。等到计算机专业如日中天之时，家长们又纷纷逼着孩子去读计算机。在金融业开始萌芽的时候，家长们坚持让孩子把志愿从金融改成会计专业。如今家长们发现邻家的孩子在投行工作收入颇丰，又对这个专业寄予厚望……

有的家长可能已经在股市上把一生的积蓄赔光了，或者曾买了看起来回报率极高的金融产品，结果损失惨重，自己的职业生涯也是得过且过，但是依然不愿意让孩子去探索自己的人生，他们不相信孩子会做得比自己更好。

读者也许觉得，我上面描述的这类父母，大约因为他们生活的地方穷困偏远，信息来源渠道狭窄，故而"以其昏昏，使人昭昭"。然而事实远非如此。用"兴趣能当饭吃吗"这句话阻挡交流和思考的父母，不分受教育程度，不分地域，普遍存在。我从一个拥有博士学位的人口中听到这种话的频率和从一个高中毕业的人那里听到的一样高。

在面对人生大事的时候，"有根有据"的思维的大门关得最紧，灾难化思维大行其道。人们很想迅速抓住一个看上去有道理的答案，以安抚内心的焦虑和恐慌，而结果往往是弄巧成拙。所以，很多时候，人们的思维不过是一种自我暗示，用以自我安慰，构建虚幻的确定性。这种"仿佛有道理"的思维状态，与智识无关，不过是思维的碎片。

与他人的意见保持距离：拥有智识的第一步

权威的有限性

在如今这个高度分工的时代，几乎每个人在某种程度上在某个领域都是其他人的权威,而在稍稍超出自己专长的领域,就只适合当听众。

我可以在家长们的面前自信地解释一个青春期的孩子为何那么容易同父母闹别扭,但如果问我一个高中生选择生物学作为他的大学专业是不是个好主意,我所能提供的就只有偏见和道听途说了。甚至即便我是个生物学的专业人士,我能提供的也只是我本人的有限经验,把这些经验用到任何其他人身上都可能是牵强的。

如果我以自己拥有一张教育心理学的博士文凭作为证据,去开展高中生专业选择的咨询工作,我能提供的信息其实也十分有限,我的意见比学生的家长高明不了多少。

在这个隔行如隔山的时代,如何看待权威和权威的意见,就成了一件考验人的智慧的大事。下面我讲个小故事。

一位30岁的男设计师章山(化名)在某年11月因自杀未遂被送到当地一家精神专科医院。经过各种检查和医生的问诊,他被诊断为重度抑郁,医生开了两种治疗抑郁的药物。但他和他的妻子对精神科医生并不信任,所以另外找了一个星相大师。这位大师告诉他们,他之所以自杀,是由于某个星座和另一个星座的角度发生了变化,说他只需要耐心等待,夏天的时候便会否极泰来。

章山在咨询室里和心理咨询师聊起此事。心理咨询师建议他依照精神科医生的方案,开始服药治疗。心理咨询师说,大医院的精神科医生更可信,星相大师恐怕不靠谱。

章山反问道:"为什么大师不靠谱?星相学自古就有,而现代医学才发展了多少年。"

心理咨询师反驳章山:"自古就有的知识,也可能是错的,比如在古代,多数人在多数的时候都认为太阳是绕着地球转的。"

章山慢慢地说:"也许你们医生所说的抑郁症,几百年以后,也会像地心说那样被证明是不靠谱的。"

心理咨询师一下子被难倒了。

精神医学也好,星相学也罢,对于章山而言都是陌生的领域,而他想要的是抑郁情绪得以改善,无论采用什么方法。精神科医生被认为是这个领域的权威,而星相大师也自称是该领域的权威,他为何一定要相信精神科医生?

心理咨询师一直接受科学教育,学习由近现代科学传统发展出来的临床心理学,对于精神医学这个兄弟学科显然有着更多的信任感。章山相信星相学,也是因为他接触星相学远多于精神医学。

心理咨询师对来访者说:"我不能说精神科医生比星相大师更靠谱,但是根据我的工作经验,很多像你这样的来访者在服药之后大大缓解了抑郁情绪,但我几乎没有听说哪一个抑郁程度跟你差不多的人,通过去看星相大师就有了稳定的好转。"

章山说:"星相大师的说法和你的恰恰相反。"

心理咨询师再次哑口无言。

来访者经常是心理咨询师智力上的试金石,他们对心理咨询师的思维进行挑战,让后者无法在智识上得过且过。

对于章山这样的来访者,我会明确地告诉他,我不建议他去接受星相大师的指点,我这个态度,依据的是人类智识发展的一个基本道理：人的有限性和智力的分工。随着人类的发展和知识的积累，每个人都只能在有限的领域里成为专家，如果一个人声称自己无所不能、无所不知，那么他的话语就非常可疑了。

那位星相大师不但能预测一个人多久能从抑郁里走出来，还能预测一单生意的成败、一段旅行的吉凶、一桩婚姻的存续和断绝，世间万事，他皆可指点迷津。这种状态，已经失去了支撑可信度的第一条基石：承认自己的有限性。

如果我们愿意看到这个世界的真实面目，人的有限性可谓随处可见。我们能看到研究宏观经济的学者，在股市和楼市里赔得钵净盆空；优秀的教师和导师可以培养出一批又一批人才，面对自己孩子的教育却一筹莫展。这些现象放在人的有限性的框架下来看，实在不足为奇。正如一位研究全球气候变迁的气象学家，对于未来一周的天气的了解远远比不上一位天气预报员，如果要去卖雨伞和雨衣，前者丝毫不是后者的对手。或者如果让一个跆拳道教练去教芭蕾舞，虽说"文体不分家"，但他恐怕一节课都胜任不了。每一个人所能掌握的知识和把握的现实都是有限的，只要稍微偏离自己擅长的领域，这个人就可能变得无能为力，也不再能给别人提供足够靠谱的启发或者建议。

不过相信权威的无所不能，对他们无条件地信任，是人类的一种很普遍的思维惰性，也是很原始的一种思维习惯。承认权威的有限性，不盲目崇拜权威，是拥有智识的第一步。

群体思维

法国社会学家列维-布留尔在《原始思维》一书里指出，原始人只有群体思维，没有个体思维。㊀个体层面的想法只是群体思维的碎片而已。

他的这个观点用来解释传统社会中的人类思维也依然有效。例如中世纪的罗马帝国，医生们把盖伦的人体解剖知识奉为真理，在几乎1000年的时间里没有在此基础上增添新的知识，也没有修正他的错误。甚至到了文艺复兴时期，安德烈·维萨里、威廉·哈维等人对人体解剖结构的探索都被看成是离经叛道之举。那时的医生群体，纵然承担着维护民众的健康和生命的重责，却只能用古罗马和古希腊医学大师的理论片段去行医，每个医生都像是盖伦的复制版本。作为个人的医生，在自己的实践中的所见所思所行，皆不可有悖于来自"老祖宗"的共同理论。

群体思维容易变得僵化和荒谬化，这是被历史一再证明的人类的思维窘境。

中国民间自宋代以来流行的缠足，便是群体思维僵化与荒谬化的一个例子。唐代之前中国女性也像所有其他地方的女性一样保有天足，且并未因此被认为是审美上的缺憾。然而缠足一朝流行起来，小脚的重要性就变得仿佛道德律令一般不容置疑，天南海北的中国女性都要重复这个经不起理性考验的做法。甚至那些被认为是社会精英的士大夫，也不认为此事是变态与丑陋。这个史实，足见群体思维荒谬化可以达到何种极端程度。

我们切莫以为我们作为现代人，已经逃脱了群体思维荒谬化的魔咒。

㊀ 列维-布留尔. 原始思维[M]. 丁由，译. 北京：商务印书馆，1981.

如果我们注意观察现代人的思维和思潮，就能够发现群体思维阻碍个体思维，依然是一个普遍现象。例如，即便在美国加利福尼亚州那个创造力极其充沛、经济和文化皆十分发达的地方，依然会出现在政治上一种声音对另一种声音长期压制的状况。压制个体思维的结果，便是那些在内在逻辑上都不能自洽的群体思维的盛行。比如后现代主义者津津乐道的文化多元主义，可能带来核心价值观的丧失和更为严重的文化冲突。当后现代主义者把文化差异理解成如同饮食习惯那样的差别的时候，便得出这样的结论：秉持不同文化的人群在地球上和平共处，犹如一条街道收纳了全世界的美食。然而这种"美食街隐喻"无视了一个现象：一种文化作为一种群体思维，它既可以具有很强的包容性，也可以有极大的排他性。如果多种具有极大的排他性和进攻性的文化共处，其境况便如《少年派的奇幻漂流》里的景象，弱肉强食，哪里会有多元共存可言。

尤为不幸的是，后现代主义本身也变成了一种具有很强的排他性的、肤浅而美丽的群体思维，对它的反思和抗议被越来越粗暴地贴上"不正确"的标签。

群体思维与暗示性

第3章曾谈到孪生移情需求——我们人类终其一生，都需要和一些与我们在本质上相似的人在一起。如果我们周围的人皆是能"和而不同"的谦谦君子，那么我们就能保有自己的想法，不会被别人强求和他们一模一样。

然而在很多时候，人们生活在"同而不和"的世界里。

例如在我的老家，直到不久前还有这样的传统：人生只有两条路，要么考上大学（或者通过招工、当兵获得稳定的工作），要么在家好好种地做农民。其他的工作基本上被看作"不务正业"。这种群体思维具有强大的暗示性，左右着绝大多数人的职业追求，结果这个地区经济发展迟缓，生活态度消极，社会矛盾剧烈，能走出去的年轻人多数都不想回到这个地方。

人在本质上是一种群居的动物，需要社会关系，渴求来自他人的肯定，故而他人深深地影响着我们的情绪和决策。一个人要想保持基本的清醒和足够的智慧，就不得不认真地构建自己的人际环境，正视"择邻而处"的重要性。

群体思维之所以会存在，有两种看似矛盾的原因。一是它承载了前人的智识，给一群人带来了生存的基础。例如饮食习惯和饮食文化，构成了一群人生存的最基本的条件。如果在这件事上不相信群体的智慧而自作主张，就会把自己置于危险的境地。

另一个原因与此正好相反，乃是一些不靠谱的观念因其绝对化和极端的表达而具有异乎寻常的诱惑性和暗示性。例如每一种文明在走向繁荣的时期，都会流行物质主义价值观。人们不再以"足够好"的生活为目标，而是在相互的比较中走向了欲望的迷途：富裕不足以带来安宁与幸福，只有那些在攀比中胜出的短暂时刻（例如获得了比别人更高级的头衔、更广大的土地、更华丽的住所、更"完美"的谈吐或者更"高级"的物品），才能体会到满意之情。这种追求"完美""高级"，渴望"高人一等"的心态，在富裕的时代里，在人与人之间共振，塑造了狂热的攀比欲。与此同时，另一种相反的狂热观念也随之不可避免地登场：犬儒主义。古希腊全盛时期出现的犬儒学派的创始人安提斯泰尼声称，除了美德，一切世俗的东西，比如金钱、权力、礼仪、婚姻、家庭都不值得追求。他的学生第欧根尼更是把这种态度演绎到了极致，抛弃所有的财产，住在街上的一只木桶里。犬儒主义发展到第欧根尼这种极具表演性的状态，受到了最为热烈的追捧——它的创始者反而罕为人知了。

保持有价值的群体思维，同时警惕凭着强大的暗示性在人群中传播的极端思想，实在是人类一直都需要面对的挑战。

多数人的意见与少数人的意见

有一位女士在健康体检时，被发现罹患癌症——处于癌症早期，体检医生要求她去医院接受手术治疗。然而，她的一个朋友给她介绍了一位在某大城市郊区开诊所的"神医"。

"神医"告诉她，她的癌症无须手术，只须服用他配制的秘药便可痊愈。

这位女士的心理咨询师得知她打算接受秘药治疗，认真地劝阻她。然而她不以为然，反驳说："因为你是学医出身，所以才更相信大医院的医生，而我相信高手出自民间。"

心理咨询师劝她不妨了解一下那些罹患此种癌症的人，他们是在哪里被治好的。心理咨询师又说，据他所知，多数患者都是在正规医院接受治疗，他几乎没有听说过民间治疗成功的例子。

这位女士进一步反驳："你一定听说过一句话，真理掌握在少数人手里。"

心理咨询师一时无言以对。

这位女士是一位出色的电子工程师,有发达的理性思维,她的选择看上去很有逻辑。当心理咨询师用经验主义去面对"某种癌症应该接受何种治疗"这样的问题时,这位女士指出了经验主义的一个致命的问题:众人经验的可信度从何而来?

一百多年前,当一个姑娘长到4岁时,众人都认为她应该缠足;三百多年前,一个欧洲老人得了肺炎,众人都会请医生给他放血;三千年前,碰到赤地千里的旱情,众人可能会要求国王把从其他国家抓来的奴隶杀死祭天。众人经验之不靠谱,实在可以找到很多例子。

不过自古及今,仍然有许多来自多数人的经验是经得起考验的。它们甚至可以说仍然构成了我们生存的基础。

稻米、麦子是可食之物,在现代科学滥觞之前就已被人类发现;耕种之艺、收获之法、酿造之术,这些在农业社会积累起来的知识,仍然是我们生存的基本保障。

综合考虑以上的例子,我们不难发现,何时应该相信多数人的经验,在什么情况下少数人的意见反而更为正确,这是不容易回答的问题,绝不是"真理掌握在少数人手里""群众的眼睛是雪亮的"之类的观念可以一概而论的。

我们不妨假想这样一个场景。你和一群人乘坐火车,从A城驶向B城,假如有个乘客突然站起来说,这列火车其实正在从A城驶向C城,此时你一般会询问在座的众人,你会相信多数人的判断可能更正确。假如车上有人突然病倒,需要急救,你转而又会去寻求少数人——医生——的意见。

如果这个病人的病情一时难以断定，可能需要多位医生来会诊，此时你可能转而又相信应该听取多数医生的意见——如果他们刚好能诊治病人当下的病情的话。

所以，多数人比少数人更可靠的前提条件是：此时"多数人"是对于那件需要做出判断的事情有第一手经验的"专家们"。坐在从A城驶向B城的火车上的乘客，对于火车将要去哪个城市这个问题都是专家——除非这趟火车的去向被隐瞒或另有隐情。对于那个病人而言，整整一车的旅客，绝大多数都不是医学专家，此时要想从"多数"中获取有价值的信息，就必须剔除绝大多数的乘客，找到医生群体，甚至某个领域的医生群体。

不过即使是在专家群体中，也会出现多数人的意见不如少数人的意见更为正确的例外情况。尤其是在创造性的新知识产生之时。"真理掌握在少数人手里"这种话会让我们想起哥白尼和布鲁诺，当他们提出更为接近事实的天文学理论时，遭到多数人的反对。但是后人显然不得不承认当时哥白尼和布鲁诺对这个问题理解得最深刻。

那位女士相信一位独自执业的医生神乎其技，能治好许多大医院束手无策的病症，也就近乎等于相信在她的城市出了一位医学上的哥白尼。这种轻信奇迹的态度绝不意味着她的思维有很好的开放性。试想一下，假如回到16世纪，日心说甫一出世，人们如若连证据和逻辑都不加追问，就马上相信了哥白尼，立刻把他们以前的天文学知识抛弃殆尽，此种态度和把布鲁诺送上火刑柱

第 5 章 自我的成长：智识的发展

实在没有什么本质的区别。

当我们说"尊重多数人的意见"和"真理掌握在少数人手里"的时候，不过是对于生活中一件件具体的事情做出的总结，我们不应该把这些局部的总结拿来涵盖一切，否则就一定会落入自相矛盾的境地。类似的情况在生活中可谓比比皆是，有人提倡"做人应该小心谨慎"，就会有人建议"做人应该敢想敢做"；有人说"细节决定成败"，就会有人说"不要捡了芝麻丢了西瓜"；有人指出"善良的人一生平安"，就有另一些人告诉你"好人不长命，祸害遗千年"。

人们在生活中总结规律的时候，往往都是在一定的语境里做出归纳。当我们看到有的人因为不够谨慎而遭灾惹祸时，我们就会马上想到"做人应该小心谨慎"，当我们看到有人因为敢想敢做成就了事业时，我们就会感叹"做人应该敢想敢做"。像"有时候人应该小心谨慎，有时候人则应该敢想敢做"这样正确的话语难得有人愿意言说——尽管多数人在生活中又必须是这么做的。

"有时候……""有些情况下……"这些表达往往容易招来追问：什么时候？什么情况下？回答这样的问题着实不易。只有当一个人愿意面对这种追问时，才算在智识方面登堂入室。

这位女士如果希望她找到的那个医生是一个医学上的哥白尼，她最需要做的反而是质疑。他治好了多少人？这些人都在哪里？这些病人在治疗前是如何被诊断的？这些信息，都需要这位"神医"提供，假如这位医生果然奇技在身，一定乐于提供这些信息。读者大概可以猜到，这位女士碰到的"神医"会在这些问题上语焉不详，更不用说提供靠谱的证据了。

"真理"或者"真相"是掌握在多数人手里，还是少数人手里，与"真理"或者"真相"是什么有关。但即使真理掌握在少数人甚至一个人手里，他也有义务拿出证据，并且一定会乐于拿出证据。要求别人无条件信任的，要么是自恋狂，要么是骗子，没有第三种可能。

经验的价值

上文介绍的设计师章山，在心理咨询师的一再坚持下，也勉为其难地开始服药，但并未按照医生嘱咐的剂量服用，而是自行减量三分之一。

到了夏天，他的抑郁情绪好了一些。结果他对星相大师反而心悦诚服——正如大师所言，他的状况到夏天好转了——于是就停了药。

及至11月，章山的抑郁症状突然又变得严重了，他开始积攒安眠药准备自杀。在心理咨询师的坚持下，他恢复药物治疗，这一次他遵照医嘱，没有私自减剂量。到第二年春节前后，他的情绪恢复得很好，但他又自作主张地停了药。在第二年冬天的时候，章山的抑郁再次发作。

在这样反反复复服药、停药的过程中，章山慢慢意识到药物的作用是确凿可信的，从第三年春天开始，他终于稳定地接受药物治疗，生活也逐渐恢复到了抑郁发作前的状态。

在医生和星相大师之间，章山起初显然是倾向于相信后者的。尽管他的医生足够耐心地向他解释了药物的起效机制和治疗中可能发生的状况,但是星相大师给出的具有神话色彩的解释,以及断然的肯定与否定对章山具有更强的安抚性,它们是与章山急于好转的心情相契合的。虽然"病来如山倒,病去如抽丝"往往是生活的真相,但是人性天然地渴望妙手回春与药到病除,章山也不例外。在几年的治疗过程中,章山是靠着积累起来的疗愈经验,才逐渐相信医生的判断。

一个人的一段求医过程如此曲折,人类的智识发展过程亦复如此。渴望奇迹是人类科学发展的动力,但也经常被大言欺世者所利用。

鉴于章山在最初抑郁发作时对精神医学的了解几乎为零,他对星相大师信以为真,在一定程度上是经验不足所致。即便如此,他会在这个问题上去相信一个"横空出世"的大师,这说明他的心理状态已经不在"有根有据"这个基本状态上了。在不了解对方的背景、受训经验、工作成就等的情况下,仅仅因为他人的推荐,就轻易相信对方的神通,说明他的现实感的发展是不够充分的。⊖

再说那位星相大师,他可能在过往的工作经验中发现,出现心境问题的人多数经过3个月左右会有明显的改善,或者他本人就接触过精神医学,知道一般的抑郁症状在发作2～3个月之后就会有所缓解。他把这种经验融入他的工作里,反对章山接受精神专科医院的治疗,从而牟取更多的利益。或者他其实并不擅长思考复杂的医学问题,只是把他观察到的现象用玄学理论去加工了一番。

⊖ 作为一个平面设计师,他对神话思维的偏爱,可能反而有助于他的工作。毕竟这份工作对从业者的想象力有着较高的要求。

玄学的困境：警惕原始思维的迷障

认为世上有人具备神功异能，这种信念源远流长。直至如今，声称能极往知来、改运易命、隔空打牛、空盆取物、超距感知、饮露绝食者，依然时常见诸媒体，对此信以为真者仍旧不计其数。我估计读者们也经常听到这样的故事。

一户人家近年来生活颇有不顺，大儿子生意入不敷出，二女儿婚姻失和，濒临离婚边缘，三儿子大学毕业没有找到满意的工作。这家人找来风水先生，把几年来的糟心事和盘托出，请先生"传道解惑"。先生看过这户人家的房屋后，给出破解之术：把大门方向稍稍修改，或者砍倒屋旁某棵大树、填平某处坑洼。结果不出一年，一家人的生活都有了改观，大家对先生的指点深表感谢。

这并不是一个取自《唐宋传奇》的笔记小说，而是在21世纪的今天我们随处可以听到的事情。讲述者"言之凿凿"，听众经常信以为真。

《理商》的作者基思·斯坦诺维奇等人把迷信思维概括为诸多类型：占星术、意念力、运气、读心术、幸运数字和护身符、不祥之物、星座学、未来预测。⊖在他看来，以上这些思维方式与健全的理性格格不入。

萨满思维的荒谬性和创造性

占星术、意念力、运气、读心术、幸运数字和护身符、不祥

⊖ 斯坦诺维奇, 韦斯特, 托普拉克. 理商：如何评估理性思维 [M]. 肖玮, 等译. 北京：机械工业出版社, 2020.

之物、星座学、未来预测，所有这些神秘思维，在其源头上，都与人类想要理解自然规律、把握自身命运的正当要求相关。人类在对于生物繁衍、气候变迁、疾病发作、灾祸意外、国运兴衰等背后的原因一无所知的时候，试图把各种现象联系起来，找出因果，这代表着一种坚持不懈的探索精神。这种探索也带来了一些靠谱的知识，比如狩猎文化所秉持的"不涸泽而渔，不焚林而猎"的原则，农耕文化所秉持的季节与耕种的时间的对应性，都是足够可信的科学知识。

我们不难发现，古人在前科学时代积累的知识如果能够不断接受经验的检验，往往就是靠谱的。

但是对于难以用经验检验的事情，人们会借助原始思维和逻辑推理去努力找到一些证据。尽管逻辑推理比原始思维相对而言更可靠一些，但是运用这两种思维方式得到的结论，多数都仍然是错误的，不过是"听起来有道理"而已。

人脑具有原始思维和逻辑推理的功能，往往还没看到证据就已经开始相信某些事情了，更不用说获得证据经常需要耐心地等待和机遇。

相信神秘力量和被神化了的权威，是人类在面对用经验难以克服的困境时经常采用的思维方式。学界经常用"原始思维"或"萨满思维"来指称这种思维方式。在另一些学者看来，原始思维也应该包括"隐喻"和"象征"等其他非理性思维。所以本书把相信神秘力量和被神化了的权威的思维方式称为"萨满思维"。

为什么《哈利波特》席卷了全世界，让《物种起源》和《时间简史》都望尘莫及？因为对神秘和魔法的信仰就在我们内心深处，在遗传基因里。当一位大师在我们面前掐指一算，说某个人下半年就会时来运转，或者明年将有一场大难时，他这个举动瞬间就会把听者打动——打败一切的逻辑和经验。萨满思维就像孩子的哭泣、俊男靓女的笑容、糖的甜味，能直接撼动一个人的情感。它由人类大脑里主导强烈情绪的区域控制。

所以多数人对文学、艺术的兴趣总是高于科学与技术，而当有人利用人类的这种感性特征行欺骗之事时，也更容易得手。

在我看来，萨满思维可以大致分成两大类，一类是神话性的，相信自己或他人有神奇能力。另一类是妖魔化的，例如相信自己或他人在遭受强大的、不可捉摸的力量的侵袭和破坏。

萨满思维是大脑认识世界和应对生活的一种天然能力，虽然这种思维经常沦于玄虚神秘，但它至少有两种功用：①带来心理安慰；②体现了人的创造性。萨满思维的第一种功用自不待言，关于第二种功能，即创造性，人类的异想天开确实推动了一些"奇迹"的产生。例如手机和互联网的发明就实现了人类对于"千里眼"和"顺风耳"的想象，不过实现的途径不是通过玄学修行，而是运用工具理性和科技手段。

人类经过长久的发展才意识到，以我们现有的身体结构，仅仅通过集中注意力，不会让耳朵的灵敏度千百倍地增长，人的眼睛也不能透过墙壁等障碍物直接感知物体。为了能够远距离传播影像和声音，就只能把光线和震动转化成可远距离传播的信号（例如某些波段的电磁波）进行输送。

然而，人类把想象混同于现实的倾向是相当强烈的，甚至在如今科学技术已经对宇宙和生命的探索既深且广的时代，人们对古老的玄学修行依然保持着迷恋。

关于这类思维，弗洛伊德有其独到的见解。他把本我的活动方式称为"原初过程"（primary process），它是一大团欲望和冲动，没有道德感、现实感与分寸感，也没有恰当的边界感，混沌不清、不可理喻。婴幼儿的心理就是被原初过程所占领的，理性和现实感在他们那里处于萌芽和成长阶段。

我们在商场里看到，3岁幼儿向父母求买玩具不得，倒地痛哭，完全不顾大庭广众下父母的窘迫；我们在小区里看到两岁的幼儿朝着出去买菜的妈妈穷追不舍，仿佛她正有去无回；我们看到几个月大的孩子哪怕离开母亲的怀抱一秒钟，都哭得犹如生离死别。诸如此类的原始的心理，随着年龄的增加，自然会有所削弱，但它们绝不会从心灵内部彻底消失。在精神分析治疗中，心理治疗师太容易发现，有些人在事业上疯狂努力，在关系上热烈追求，其动力来自内心深处这类夸张的恐惧或者欲望。你也许就碰到过在孩子上幼儿园之前就给他买养老保险的父母；或者有一份稳定的工作和一个健康的身体，却担心随时会流落街头之人；或者一口气给孩子报了10个"素质班"，生怕耽误了孩子的潜力发展的家长。你也一定碰到过一些人，他们把所有的积蓄都投入某个声称可以给予高额回报、让人从此财务自由的"金融产品"。不成熟的成年人的一些"离谱"的想法背后的心理动力与幼儿的神话和妖魔化思维是一脉相承的。相对成熟的成年人，区分现实和玄想的能力就出色一些。

在探讨人类的创造性思维时，长期从事儿童精神分析治疗的学者温尼科特指出，人类思维的"初级过程"（原始思维）是创造力的源泉，它与"次级过程"（secondary process）（理性思维）合作，能够催生创造性的成果。

温尼科特的意思也可以这样表达：自体的需求是非理性、非逻辑的，充满想象力，自我是具有现实感和领导力的，自体和自我合作，方能带来创造性成果。这也是本书的基本观点：人格的成长，是人格的各组成部分以及它们之间的关系的发展，是心灵系统的成长，本书秉持的既不是"理性思维应该战胜原始思维"这种早期现代主义的观点，也不是相对主义的后现代主义那种过分抬高原始思维的地位的观点，而是生态主义的后现代主义（也许称之为"新现代主义"更为合适）的整合的观点。

萨满思维除了能带来心理安慰，有助于创新和创造，似乎还有另外一种功能：对神秘力量的信仰，似乎能够格外牢固地把一群人团结在一起，尤其是那些没有血缘关系的人。不过萨满思维的这种作用似乎一直都是一把双刃剑。被萨满思维联结在一起的人们，行为上容易极端，对群体外的人的排他性极强，制造的人道主义灾难所在多有。

隐喻的陷阱

比之于萨满思维的神秘性与玄幻性，隐喻是原始思维的一种相对比较"温和"的形式。这里谈到的隐喻（metaphor），主要指比喻和类比两种修辞方式。相对于类比，比喻的喻体和本体之间关系较为松散，例如，一个媳妇反感婆婆的唠叨，说婆婆"像个苍蝇一样"老来打扰她的生活。此时媳妇是把苍蝇的习性和婆婆的行为的相似性进行了联结,但这两种行为并没有相似的内在机制。婆婆的行为是由她的人格和心理活动决定的,而苍蝇的"骚扰"其实是一种觅食行为。

类比的喻体和本体之间有较大的相似性。比如一个想给刚找到工作的儿子提供一些职场经验的父亲对孩子说:"初入职场,就是新媳妇刚嫁到婆家,要看人家的脸色行事。"

这位父亲把初入职场之人的处境和刚嫁入婆家的传统女性的生活相比较,认为二者是相似的,其中对一种处境的应对方式能迁移到另一种处境里。就心理层面小心翼翼的感受和现实层面的"权力关系"而言,此两种处境委实有相似之处,所以这是一种类比。

善于运用隐喻的人,总是给人以聪明机智的感觉。他的表达如果生动有趣,也会颇有说服力。然而,生动有趣且听起来有说服力的隐喻,经常会把人的思维带得偏离实际情况。比喻把人的思维带得远离实际自不待言,把婆婆比喻成苍蝇,当然可以宣泄媳妇胸中的恶念,但婆婆显然不是苍蝇,也不可能像对待苍蝇那样对待她。

即使是类比,也会因为把同类事物相比较,让听者更加忽视质疑精神。例如那个主张儿子在初涉职场之时应像传统社会里新媳妇对待婆家那样的父亲,用这个类比可能会把儿子说得心服口服。然而,尽管新媳妇和新雇员所面临的处境颇有相似之处,但相比传统社会里的新媳妇,新雇员在当今的社会里还是拥有了更多的自由。如今的年轻人初入职场,短短数月就主动离职而去的不在少数。那种"新媳妇"一般的体验实在不足以充分描述如今初入职场者的感受。

类比通常只能给思维带来启发作用，而不能用作论证，因为相似的事物之间仍然可能有巨大的差异。当我们用解决一件事的方法去应对另一件事时，我们必须提醒自己这种做法首先是一种尝试，就像用 A 房子的钥匙开 B 房间的门。甚至在那些喻体和本体相似到让人信心满满的情况下亦复如此。比如一个养过猫的人去养狗，虽然有了饲养经验，但如果忽略两种动物的差异性——例如在食物方面的不同偏好——后果都有可能是致命的。

类比不能用来论证，只能用来启发思考。然而不幸的是，人们非常喜欢用类比甚至用比喻来进行论证。民国学者辜鸿铭就曾试图用"我只见一个茶壶配几个茶碗，没见一个茶碗配几个茶壶"来证明一夫多妻制的合理性。这个隐喻绕过了"是不是可以把婚姻中的男人看成茶壶，婚姻中的女人看成茶碗"这个严肃的前提，直接把这种"等同"当成定论来看待。用喻体去证明本体，是一种典型的谬误式思维。其实即便是相似度非常高的事物之间，也并不能构成实证关系。例如一位母亲劝女儿离开她的来自农村的男友："当初我嫁给你爸爸，也曾经觉得你爸爸来自农村并不是个问题……"

这位母亲的人生经验，能不能用在女儿身上，实在是个大问号——然而这个类比看上去似乎很有说服力。理性思维能力不足者看这个类比，也许就像看到一个被炉火烫伤的人告诉孩子不要把手伸到炉子上去那样可信。这位母亲的教训，其实更像是一个被栅栏挡住的人说"这个缝隙很窄，难以侧身穿过"。这样的见解能不能用到另一个人身上，实在是因人而异，唯有经验才最有说服力。

隐喻思维不仅在我们的日常生活中司空见惯，很多历史上的著名思想家也喜欢采用这种方式展开论证。例如福柯认为，既然科学体系和神话体系都是人类建构起来的，那么科学和神话不过是两种叙事而已，并没有优劣之分。他因而得出"精神医学不过是一种社会建构，精神障碍也不过是一套隐喻"的结论。

在《疯癫与文明》这本书里，福柯提出，精神病人在古代被看作通神之人，疯癫也被看成与神沟通的一种状态，只是到了近代，社会才开始把精神病人囚禁起来，旨在实现理性对疯癫的排斥（或者说是贬低）。对这种说法欣然接纳的读者数不胜数，而对它认真推敲的人寥寥无几。如今我们已经知道精神分裂症等重性精神障碍主要是生物因素所致，治疗上也主要依靠药物。如果我们仍然严肃地对待古人的"通灵说"，就显得莫名其妙了。基于事实的建构和基于玄想的建构，显然是不同性质的建构。二者的关系连类比都算不上，而是更接近于比喻。

福柯写《疯癫与文明》这本著作时，是20世纪50年代末期，彼时精神医学的发展有限，精神药物的研制更是处于萌芽阶段，福柯自身的抑郁症状得不到精神医学的有效帮助，他对精神医学的反感与排斥可以理解。但是到20世纪80年代，福柯是有机会接触到现代精神医学的最新成果的，然而他后期的哲思反而更加极端，并没有根据医学的最新发展而修正自己早年的推理和结论，甚至于试图证明所有的临床医学都是社会建构的产物。这就严重地低估了身体对心理的影响、人的生物性对人的社会性的影响。

可能因为福柯缺乏足够的科学思维训练，以及不具备系统论的思维能力，难以理解人作为生物建构（身体发育与平衡）、心理建构（心灵的发展与平衡）和社会建构（关系的发展与平衡）的三位一体的存在，执着地强调科学知识的社会建构性这一面。

把哲思隐喻化的思想者，正如把历史研究故事化的历史学家，给哲学带来了更多的读者和观众，但如果止于隐喻，对人的智识的发展的启发性就很有限了，甚至还可能把人的思维引向另一种蒙昧，落入隐喻的陷阱。

隐喻的价值

上文所谈的隐喻的陷阱，反思隐喻给思维带来的偏差和悖谬，并不是在主张"隐喻无用论"。相反，我认为隐喻是一种有价值的思维方式。它不仅在文学表达方面功不可没，在思维方面也大有裨益。

例如上文说到的那位把初入职场比喻成新娘出嫁的父亲，如果他的儿子生在数百年前，经过科举获得一官半职，那么踏入官场时的体验委实与新娘出嫁可有一比。"多做事、少说话、听吩咐"就是在这两种相似处境中共同的生存之道。

在科学研究里，类比的启发意义也不可小觑。例如审美心理学的"心理距离""心理张力"等概念，便是由于受到了物理学的距离和张力等概念的启发。再比如管理学在探索"组织变革"这个议题时，经常借鉴系统科学的理念。

甚至比喻思维也能给科学研究带来启发。老子在《道德经》里曾经做过一个比喻："治大国，若烹小鲜。"他的意思是，领导者治理一个国家，如果反复折腾，那么它就像一个厨师在煎小鱼时老在锅里翻来翻去，很快就会被弄散架。或者一个领导者对一个组织里日渐积累的问题不闻不问，就像一个厨师在应该翻动小鱼的时候偷懒，结果组织的发展难以为继。

老子的建议是：不论是做管理者还是做厨师，只有密切观察火候，在条件成熟的情况下推动变化，变化才是有益的。从事管理工作和研究的人，读到"治大国，若烹小鲜"这个比喻一定印象深刻。尽管它不能当作研究证据来使用，但由它启发的思考可以带来真知灼见。

如果不把隐喻当作论证的手段，而是把它当作启发思维的创造性的一个手段，那么隐喻就用对了地方。这与"心灵感应""千里眼"之类的萨满思维启发了无线电传输技术的发明是相似的。

逻辑推理和数字的魔术：警惕现代思维的偏狭

使用缜密的逻辑，得出荒谬的结论。

——西川

我在心理咨询工作中碰到过这样的例子。一个高一学生，热爱绘画，他虽然从小并没有接受过太多的美术教育，但凭着自学和探索，拥有了很好的绘画功底。他在一所重点高中的重点理科班读书，但他希望将来考美术学院，去当画家。由于他在课余花了大量的时间在绘画上，这一定程度上影响了他的学习成绩。他的班主任找到他，希望他把所有的精力都用在学习上，考入重点大学。

班主任听这个学生说他想成为"中国的毕加索",就展开了"思想工作":"你的绘画能力在我们班能排第一名吗?你的绘画能力在高一年级能排第几?在我们学校呢?在我们这个城市呢?在我们省、在我们国家、在这个世界呢?"

在他的班里,有几个同学长期接受绘画训练,此同学自然不敢说自己位列第一。那么在高一年级、在他的学校的排名,更是不敢多想。更不用提在一个省、一个国家、这个世界上的排名了。沿着这条思路,他觉得自己显然落于千万人之后。

在班主任的"启发"下,这个学生放弃了绘画,转而认真学习,考上了一所重点大学。后来这位班主任经常得意地向别人讲述她的说服之道。这个老师分析问题所用的逻辑层层递进、严丝合缝,听起来十分有说服力。这对于一个高中生,可以说是一场智力上的灾难。他很难从老师的分析过程里找到破绽,而且出于对权威的信任,可能连怀疑的念头都未必有。

然而,这位老师的思路是大有问题的。首先,一个学习绘画的人,只有在17岁的时候就在同龄人中有数一数二的绘画能力,将来才有可能成为毕加索那样优异的画家。此假设并没有被这个老师证实,就直接被她当成一个结论,用以展开后面的逻辑推演。在街上争吵之人常用这种逻辑。比如顾客抱怨商家对他无礼,商家说:"你以为你是什么大人物吗?"这就是直接把一个站不住脚的假设——只有大人物才需要礼貌对待——当成结论抛出来展开逻辑推演。由此得到的推论自然是:"对于你这个小人物,我们是不用以礼相待的。"

这位老师的逻辑推理还有一个更大的问题:虽然这个学生希

望自己将来成为毕加索，尽管从概率上来说成为毕加索的可能性微乎其微，但这并不意味着，他从事他喜欢的绘画专业就是个不可取的选择。这位老师在劝说中嵌入了另一个逻辑：因为你变成毕加索的可能性不大，所以你应该放弃绘画。这个"因为……所以……"不是基于对生命体验的真实理解。一个青春期的孩子，认同某个伟大的人物，在这个认同的推动下去努力，是这个发展阶段最美好的体验之一。即便他将来没有成为毕加索式的画家，他也未必会后悔自己当年的这一段心路历程。这位老师把孩子的内心体验概括成一个"必须实现的愿望"，然后用逻辑去考察这个愿望的可行性，再嵌入一个"不能实现的愿望就不值得追求"的不可靠的逻辑前提，结果是"以其昏昏使人昭昭"。

其实这个学生的处境并不复杂，如果他愿意在理科班里拼命学习，考入一个重点大学，那么他不妨暂时放下画笔。如果他希望将来从事绘画或者相关工作，他大可以调到一个普通班，甚至在有可能的情况下转到艺术类的学校去读书。然而，这位老师用一段看似严密的逻辑推演，把学生劝得心服口服，似乎有理想、有愿望是可耻且幼稚的。这番交流对孩子的损害并不止于让他放弃了有兴趣且有能力去实现的事情，更在于它植入了一种"严谨的逻辑混乱"。这种思维把生命过程概括成干巴巴的信条，并且随心所欲地把不可靠的结论当作定论塞给被劝说的人。所以我们听到很多学生说："因为我的生物成绩不是班上的第一名，所以我不适合学生物""因为学中文很难找工作，所以我学英语""因为我不喜欢跟人打交道，所以我不适合学心理学"。这些结论的前提，其真实性根本没有被严肃地考察过。

在大前提不可靠的时候，靠逻辑推演出的结论也是不可靠的。如果头脑中装满种种未经证实的成见，以此为大前提，虽然诉诸逻辑思维，告别了原始思维，但是其思考的结果也经常是荒诞不经的。用这种思维来指导生活，其离谱的程度一点也不逊于使用不当的原始思维。

有时候仅凭经验去生活，胜过被不靠谱的推理引导着去生活。前面那个热爱绘画的高中生，只须了解学美术的人是不是都失业了、美术学院的毕业生是不是真的像坊间传说的那样没有饭吃，就知道走这条路也许并没有那么可怕。（有意思的是，一说到艺术家，一个对艺术一无所知的人总是倾向于说起梵高的疯狂，一说到诗人，人们最直接的联想就是自杀。）

那位班主任在没有可靠的前提的情况下就抛出一番逻辑推论，既是出于思维的懒惰，也是由于经验的贫乏。可惜的是，现代中学教育不是师徒制，教师除了教学工作，几乎对每一种其他的职业都不了解。中学生很难从学校中得到能够贴近经验的职业和事业的启蒙。

人在成长过程中，非常容易受到他人的影响。如何能够帮助青少年获得与他的年龄相称的思维能力，而不是向他们灌输许多看似言之有理，其实谬以千里的成见？这实在是教育者应该认真反思的事情。

恐怕教育者首先应该勇于承认自己的无知，而不是热衷于把一个个鲜活的心灵纳入到既定的轨道上去。应该告诉学生，必须爱真理超过爱师长。否则，受教育的过程反而变成了一个智识受损的过程。

我在工作中经常发现：如果一个孩子的父母有比较高的学历，在从事某种专业工作，在该专业领域里颇有建树，反而有可能在教育问题上做出并不明智的举动。一个老师知道如何把课程内容传递给学生，一位工程师知道如何按部就班地把项目完成，一名医生擅长在手术和药物使用上把握分寸——因为他们都有充分的专业知识和经验，也习惯于用逻辑去思考问题。

但是当他们面对青少年时，他们完整而细腻的逻辑有时反而带来了灾难化的后果。正如上文所说，建立在不可靠的大前提下的逻辑推演，会变成远离经验的荒谬结论。正是长年凭着工具理性获得事业成功的人士，更容易用逻辑推演来进行教育。例如，某个父亲坚决反对他的女儿学习中文专业，尽管他并没有碰到任何人因为学习这个专业而穷困潦倒。根据他的推演，计算机专业的人才将来会是社会非常需要的，女儿学习这个专业，不愁找不到工作。其实他女儿的强项是文科思维，对于编程、电子技术之类的东西毫无兴趣。这个父亲根本不需要逻辑推演，只消去了解一下女儿对于学计算机是一种什么感受，学中文是什么感受，那些中文系的毕业生都在做什么，他就能面对现实做出判断。女儿毕竟已经成年，她将来要做什么，可以让她自己去摸索。

数字魔术与科学精神

有位 T 先生自称得了"香烟恐怖症"。他说他在二十多岁的时候抽过一阵子香烟，现在三十出头，已经好些年完全不抽烟了。如今他在一个厂里工作，同事有抽烟的习惯。虽然他在厂里坐办公室，同一个办公室的同事基本上没有人有抽烟的习惯，但他偶尔出门，还是会闻到工人们的烟味。最近他每次闻到烟味都会焦虑一阵子。他说他过去并不这样，可是半年前偶然读到的一篇文章诱发了他的焦虑。那篇文章写道：有个研究得出结论，"每抽一根烟，平均少活 10 秒钟。"

这个数据是这么得到的：用被调查的不抽烟的人的平均寿命减去被调查的抽烟者的平均寿命，然后用这个差值除以被调查的抽烟者一生消费的平均香烟数量。

T 先生如今每当闻到烟味，就联想到自己这下子又要少活多少秒，不免心惊肉跳，以至于平时不敢走出办公室的门。

T 先生性格里的焦虑气质固然在一定程度上解释了他的行为，这类所谓的研究报告也在以它们特有的手法兜售焦虑情绪。

把不能平均的数据强行平均，并把平均值分摊到个人身上，是如今数字化时代的一种常见的思维谬误。抽烟对寿命的减损程度当然不是通过一分一秒的线性累计发生的。一个 50 岁得肺癌去世的抽烟者，他几乎少活了 30 年。假如他每天抽两包烟，从 20 岁抽到 50 岁，他抽每支烟相当于减损了六七分钟的寿命，而不是几秒钟。当然，对他而言，"抽一支烟相当于少活六七分钟"也是没有意义的算法。因为它在计算所有抽烟者的平均寿命减损程度时，把这六七分钟的大部分平均给了那些寿命没有受重大影响的人。至于那位来访者偶尔出门闻到的几口烟味，对他的寿命应该没有丝毫的影响。但是那种笼统的统计平均，让每一口烟都分摊了一部分减损的寿命。

这种研究报告虽然看上去有着漂亮和确凿的数据，但是是基于错误的逻辑而得出的。我们可以把这个研究跟另一个我们更常碰到的类似情况相比较。如果你所在的城市的人均月收入是3万元，然后有人告诉你，你每工作一天，收入是1500元，你一定觉得这种算法荒诞不经。因为你实际月收入6000元，每工作一天拿到手的是300元——你的实际收入不会因为那个更高的平均值就会额外增加1200元。

有些研究者热衷于"把抽烟对健康的影响分摊到每一根烟"这种算法，并且把结果当成事实报告出来，由此产生心理暗示效应，带来恐慌焦虑。这种统计学暗示效应与玄学的暗示效应在诱发恐慌方面并没有本质的区别。

风水大师对一个信徒说，你家大门的方向只须稍加改变，便能消灾弥难、让你事业兴旺，这是把重大的事情（灾难和事业）和一个与之原本毫无关联的事物（大门的方位）关联到一起。一篇研究报告通过不恰当的统计分析把两件毫无关联的事情（一根香烟和10秒的寿命）联系起来，虽假以科学之名，但仍然不过是一种神话。逻辑和数学此时只不过是被拿来玩弄思维的魔术而已。

不恰当的数字处理已经占据了现代"不靠谱思维"的半壁江山，甚至常见于学校课堂。例如在中学里，在一个60人的课堂上，老师告诉那个调皮的学生：你耽误了老师一分钟，也就等于耽误了大家一个小时。这听上去是一个很大的罪过。但如果我们换一种算法：60个人一天统共有1440个小时，这个学生的"影响"也就千分之一而已。而这60个人一天里用在走神发愣上的时间的总和恐怕都不止100个小时。

当然，多数老师都会把心思放在提高教学质量和关注学生的学习效率方面，而不至于在学生面前玩这种数字魔术。那个老师是在用数字魔术让学生们产生错觉，听上去仿佛每个学生都被耽误了一个小时，以此产生震撼人心的力量，维护课堂纪律。但是这种数字魔术对于学生的智识发展可没有什么好处。

数学运算经常会带来令人错愕的结果。一个人耽误了5分钟，等于耽误了所有人一个小时；一个人节约一粒米，全国人就能节约十几吨粮食；多做一道题，高考的时候如果正好碰上了，就能考上更好的大学……这些数字魔术在打动人心方面，经常比玄学思维还有效。比之于相信神灵的意志和超自然因果的时代，如今的人更加理性了，于是就更容易落入数字魔术的陷阱。

这陷阱并不比玄学的陷阱更容易爬出来。

警惕语言的暴力：发展智识应警惕的交流方式

"兴趣能当饭吃吗""是药三分毒""什么年龄做什么年龄该做的事情"，诸如此类的话语听起来仿佛有道理，但又经不起认真推敲。这类言辞，是流行于世间的另一种暴力——语言的暴力。虽然在交流中我们难以避免这类方式，但就发展智识而言，这些沟通方式是需要警惕的。如果一个人生活在以这种沟通方式为主的环境里，智识是很难发展的。

下面我想聊聊语言暴力的几种常见的形式。

反问

反问是一个比否定句更武断的否定句。"兴趣能当饭吃吗？"这句话的意思其实是一个断论："别跟我谈兴趣，兴趣不能当饭吃！"

有个青少年来访者对我说：当他听到来自父母的这种反问时，脑子里立刻变得混乱不堪，能想到的一切理由和证据都招架不住它。

确实如此，假如父母对孩子直接说："你别胡扯了！"这孩子反而有可能萌生"我怎么就胡扯了"的质疑。而一句"兴趣能当饭吃吗"却能成功地阻挡住反思，甚至让对方感到羞愧。（我怎么竟然有"做自己感兴趣的事"这种愚蠢的念头呢？）

反问是一种真理般的句式，如果父母用到孩子身上，更是一种杀伤力巨大的"精神原子弹"。倘若孩子对此有所不满，父母经常会无辜地反问："难道我不是在和你商量？"

让我来汇总一下我在心理咨询室里经常听到的"神反问"，他们大多来自来访者对他们的父母的转述。

- "你觉得你的人生经验比我还丰富吗？"
- "转个专业你就能快乐了吗？"
- "感情能当饭吃吗？"
- "离了婚你就能过好了吗？"
- "挣了钱你就有保障了吗？"
- "留个学你就能找到好工作了吗？"
- "你表姐的前车之鉴你没有看到吗？"
- "你想过你堂哥那样的日子吗？"
- "你以为你是谁？"

作为父母，他们对于成年后的子女的人生一定仍然充满关心和期待，此乃人之常情。但是人生的课题原本就"戛戛乎其难哉"，父母自身在职业上何尝不一筹莫展、在感情上也往往坎坷多舛。那么面对下一代人的人生谜题，还不如保持谦逊，承认自己的无知，让下一代早些成为他们自己的主人。

父母在孩子幼年时扮演权威的角色，委实有一定的价值。然而，当孩子进入青春期，逐渐步入成年后，父母应该学会多倾听孩子的声音。如果为了继续保持权威而采用语言的魔术，这种言语的腐败会阻碍孩子智识的成长。

诱发恐惧感

"兴趣能当饭吃吗？"这个反问句所暗含的意思是：如果你按兴趣去选择专业，弄不好将来连饭都吃不上。这当然是夸张的说法，虽然坊间流传着某些专业好、另一些专业差的说法，但不论从事何种专业，都还不至于沦落到缺衣少食的程度。换言之，任何职业当然都能当饭吃，正当的兴趣一般而言都能成为职业。

但是夸张的语言往往绕过理智，直接唤起听者的恐惧感。这犹如我们在影院里观看恐怖片，我们虽然知道眼前可怕的场景无不是导演的刻意安排，但依旧胆战心惊，乃至于剧终离席退场之后还心有余悸。

如果在反问句的开头再加上"万一"两个字，其危言耸听的力度更是得到了加持。

- 万一你将来找不到工作呢？
- 万一这是最后的机会了呢？
- 万一碰到抢劫呢？

- 万一那个人心眼不好呢？
- 万一老板对你不好呢？

假如做父母的人经常担忧焦虑，不停地向孩子描述世界的可怕，他们的孩子难免就像生活在连续播放恐怖片的影厅中一般，觉得生存危若累卵。及至成年，这种悲观的心态也往往会如影随形。

"万一……"之类的反问经常无法用逻辑甚至经验去反对或证实。人类对世界的把握总是片面的，我们生活在充满偶然性的环境里。如果我们的头脑只关注风险，那的确会感到无论怎么小心都不为过。即便我们活成了一个专门规避风险的生命体，也都能找到逻辑上的自洽。

然而，在很多情况下，头脑中充斥着的想象出来的风险，反而增加了实际的风险。比如为了防止病从口入，把自己的食谱限制得十分狭窄，结果得不到均衡的营养，情绪和身体都因此变得糟糕。再比如天天用酒精消毒杀菌，把周遭弄成无菌之地，结果身体的免疫系统得不到锻炼，反而在碰到感染时病情急剧恶化。而且过度规避风险者在面对真正的风险时难以冷静面对，更容易做出离谱的举动，恰如在高速公路上猛踩刹车，反而更加危险。例如有的家长只要孩子稍有头疼脑热，就带孩子去打抗生素，反而大大增加了孩子的健康风险。

人类在地球上生活了几百万年，生命在地球上存在了大约40亿年，已经在神经的层面形成了适应地球生存的反应模式。比如不去纠结小概率事件，或者"好了伤疤忘了痛"。有些人纠结于小概率事件，或者对挫折念念不忘，除了由基因变异导致的神经系统的异常、精神障碍以及因特殊的生存环境（比如过于频繁地遭遇意外事件）导致的极端心态，以培养工业文明和信息社会的从业者为基本目的的现代教育，也在强化人类性格里"谨小慎微"的一面。

当然，易纠结于小概率事件的人，如果专注于在某个具体的议题上长年研究，也许能解决某些科学问题或者带来技术创新。比如让害怕车祸的人去探究如何尽量减少车祸，或许能够改善交通规则和提高道路信号装置的有效性。然而，如果一个交通道路工程师把这种思路带回日常生活里，举手投足都要最大限度地降低风险，那么他自己的生活会变得狭窄而无趣，他周围的人也会活得压抑和痛苦。

也有些人的做事风格跟"小心翼翼"正好相反，横冲直撞，毫无顾忌，犹如在高速公路上随意超车。极端小心和全然毫无顾忌，后果反倒是很相似的。

诱发内疚感

有位母亲在和孩子发生争执的时候，一旦处于劣势，就会抛出两句话：①都是为了你，我才没有和你爸离婚；②都是为了你，我才放弃了自己的事业。

只要这两句话一抛出来，孩子就无言以对，以至于已经成年的他来到心理咨询室里也经常因为这两句话自责：既然母亲已经为他牺牲了很多，那么在心理咨询中谈自己对母亲的不满，实在是"良心坏掉了"。

这位母亲的逻辑是：我为你牺牲了很多，所以你不应该对我不满，不然就是忘恩负义。这种逻辑对思维而言是又一个黑洞。

作为母亲，为孩子牺牲很多，目的当然是想让孩子幸福，如果把这种牺牲挂在嘴边，让孩子活在内疚里，就已经偏离了初衷。如果她不离婚其实是因为自己胆怯和犹豫，或者是丈夫的牵制和威胁，却把原因推卸到孩子身上，那就更是一种不义之举。

当然在多数情况下，母亲确实如其所言，是为了孩子的幸福而付出，只是因其人格发展的不成熟，并不能设身处地地理解孩子，意识不到说出那种话给孩子带来的震惊和折磨。

在争论中引发内疚感是语言暴力的另一种常见方式。除了在亲子关系里，在其他关系中这也是人们经常使用的争吵手段。在网络上流传着一个很有意思的段子。一位老师给学生的家长打电话，说孩子最近考试成绩下降，希望家长能督促孩子加强学习。这位家长反驳道：我把孩子交到你手里，孩子成绩下降，我还没找你算账，你怎么好意思给我打电话。

老师们向来认为学生们的成绩好坏，除了与课堂教学有关，还取决于家长们的督促管理。所以一旦学生成绩下降，老师首先去问责家长，家长们通常都毕恭毕敬，引咎自责。这位家长把这份内疚感抛回给老师，"以其人之道，还治其人之身"，也算是替家长们出了一口气。

然而不论是老师还是家长，在孩子成绩下降该由谁来承担责任这个问题上，大都没有进行过认真的思考，更不用说研究了，老师只是先入为主地认定孩子成绩下降应该由父母负责。这位家长则反其道而思之，认为孩子的成绩该由老师来负责。

所以在大前提不可靠的时候，人们在争吵中向对方抛出结论，引发对方的内疚感，无非是使用语言的暴力强行占据道德制高点。如果老师和家长就事论事地探讨孩子的学习状况，并且让孩子也能参与进来，这才是有意义的交流，而不是以暴制暴，沦为语言上的斗殴。

诱发缺乏根据的希望感

谈到"神医"这个话题，我也不能否认，"神医"的确给了患者——尤其是有疑难杂症的患者——希望感。同时我又不得不说，很多"神医"除了激发患者的希望感，所能提供的治疗极为有限。

我们是更愿意去了解和尝试可能有效但效果并不神奇的方法，还是愿意尝试神奇但并不有效的手段？选择后者的人委实不在少数。一种手段一旦被描绘得神乎其神，它在唤起希望感的同时也就把怀疑精神排斥到角落里去了。

最能诱发希望感的方法经常无助于问题的解决，甚至经常把问题搞得更严重。例如在未成年人的教育方面，历来就存在两种截然相反但都饱含情感的说法。一种说法是：教育就是顺其自然，孩子凭着天性自会成长。近现代的思想家，从卢梭到马斯洛，都算是这种态度的鼓吹者。另一种则认为成长是一种苦工，"省了棍子，毁了孩子"。然而这两种针锋相对的观点虽然流布甚广，但是并不符合经验事实。如今的教育学家和教育心理学家殚精竭虑地上下求索，但有效且可靠的理论和技术的发展依旧相对缓慢。一个真诚的教育者会朴实无华地说：并没有用在一切孩子身上都合适的教育万灵药，教育不同的孩子，要用不同的方法。

越是在严肃的研究成果不尽如人意的领域，伪学术往往越是蓬勃兴盛，而且经常成为商业上的热点。如今我们很少能看到严肃的教育学和教育心理学的研究者开设讲坛，向家长们传递教育理念。这种情况的发生，一方面因为严肃的知识难以唤起人的希望感，另一方面也是因为教育实在是个艰难复杂的研究领域，可以在讲坛上用通俗易懂的语言讲清楚的专业知识并不是很多。然而在民间，兜售各种教育理念的公司和机构如恒河沙数。这种生意所兜售的主要是希望。

教育领域如此，精神健康领域亦复如此。我在心理咨询工作中碰到过许多原本通过普通的精神类药物可以缓解症状的来访者，宁愿尝试"神医"们开的昂贵而无效的药方，长久地回避常规药物。虽然有很多精神类药物副作用明显，不能像抗生素那样在患者无知无觉的情况下战胜病魔，但辗转于"神医"之手，数年甚至一生都在求医问药而不能恢复正常的生活，这种生命的虚耗与精神类药物的副作用带来的损害相比显然不可同日而语。

具有讽刺意味的是，医学界实事求是的态度反而让患者对精神医学治疗望而却步。例如治疗抑郁症比较有效的舍曲林、度洛西汀等药物，在药盒上的说明书里就明确地交代了一系列可能出现的副作用。事实上，这类药的副作用远不及每天一大杯啤酒对身体的伤害。酒精不但会引起嗜睡——舍曲林等药物带来的嗜睡通常只会持续一两周——还会导致神志模糊、肝损害，增加致癌风险。然而，即便如此，绝不会有商家在一瓶啤酒上说明这些可能的损害。而舍曲林等精神类药物的说明书，恨不得把一切可能的风险都揽到自己头上。

许多抑郁症患者就是因为精神类药物说明书上的"实事求是"而被唤起焦虑,转而寻求民间替代疗法,例如找"神医"开草药。这些医生通常不会对他们所提供的秘方进行副作用考察和毒理学实验,药品价格也居高不下。此时患者却表现得放心大胆,并不担心服用那些"秘方"会给身体带来损害。正如前面所说,"神医"擅长给患者带来希望感,而这份希望感会埋没怀疑精神。

人类的思考和行为原本就容易互相冲突,当我们满怀希望和热情地行动时,可能因为头脑发热而弄巧成拙;当我们冷静地去分析和处理问题时,却可能失去了做事的热情和动力。真正的成熟,恰恰是把这两种看起来互相矛盾的状态整合起来。

诱发对后悔的恐惧

有位女性,在多年前,她的父亲对她找的男朋友很不满意,理由是:学历低(女儿是本科毕业,而女儿的男朋友是专科毕业)、个子矮(和他女儿一样,都是173厘米)。父亲要求女儿跟男朋友分手,而女儿态度坚决,要和男朋友谈婚论嫁。

父亲见劝阻无效,就抛出他的撒手锏,他告诉女儿:"你可以按照你的想法去做,但将来后悔不要怪我。"

这句话从此像魔咒一样跟随着女儿。在她和男朋友结婚之后,每当两人发生矛盾,父亲这句话就会从她心底飘出来。有时她忍不住对丈夫说"当初我爸告诉我……",这自然激化了两人的矛盾。数年之后,他们离了婚。

俗话说,"人生不如意事十之八九",不论我们做出何种决定,后来的结果都不会十全十美，也就都难免有几分后悔。对于那些本来就比别人更渴望完美、更容易追悔抱恨的人而言，来自重要他人的一句"将来后悔不要怪我"几乎肯定会强化他们的自我怀疑。所以看到有些人面临人生重大选择，诸如就业、婚姻、创业、生育，处于权威位置的人为了强化自己对他们的影响力，常把"将来后悔不要怪我"这句话脱口而出。这句话恐怕是语言暴力中最猛烈的一个了。它比一句诅咒更具暗示性，并且牢牢堵住了通向智识的路径，让合理的怀疑（"为什么你认为你的判断比我更准确""为什么一个人做出选择之后不可以后悔""你怎么保证听你的话就不会后悔""如果听你的话我不幸福，你打算如何承担过错"）都被压抑下去了。

一个希望发展独立人格的人，碰到使用言语暴力者，最好敬而远之。粗暴的交流气氛对于培养判断力毫无用处，反而会让人沾染强词夺理的坏习惯。然而上面这个案例的不幸之处在于，对于女儿来说，她恐怕不太可能为了追求人格的独立而与父母保持一个很远的距离，毕竟亲情是一个人最重要的感情之一，而且子女反哺父母，也是文化赋予的责任。因此，父母在与儿女的交流中不使用语言暴力，保持对儿女的人格尊重，就显得分外重要了。这应该被看成为人父母者该遵守的基本教育原则。

开放性思维与有效的争论

人们在争论的时候经常用身份认同代替说理。"我们后现代主义者认为你这种想法很幼稚""我们儒家认为你这种想法很偏激"，诸如此类的句式，其内在的逻辑是："我们后现代主义是更成熟的主义，而你是幼稚的""我们儒家是更全面的，你不是儒家，所以你是偏激的"。

然而，以这种方式进行的互动根本不是"争论"而是"争吵"。否定对方的可信度、可靠性，用"你的观点是偏激的"等直接否定的话语压制住别人的观点，然后抛出自己的看法，就是在使用语言暴力，而不是展开有效的交流。

事实上，要证明他人的观点偏激或者幼稚，绝不是件容易的事。在争吵中说另一个人"偏激""幼稚"时，只是在抛出一种主观感受而已。那个被贴上"偏激""幼稚"的标签的人，对你的感受也可能亦复如是。

和大家分享一个有趣的现象。有些专业的话题，例如医学理论和技术，内行的专业度比之于外行拥有明显优势，委实会出现一个人掌握了更为全面的知识，另一个人所知有限的情况。但是在此情况下，鲜有内行愿意嘲笑外行的"幼稚"。在一些社会科学领域，知识可靠度不及自然科学，且很难被任何人较为全面地掌握，我们却经常看到内行对外行大加鄙视和嘲笑，仿佛内行掌握了绝对的真理。反驳者在把对方的观点贴上"偏激""幼稚"的标签之后，提出针锋相对的观点，然后选取能支撑自己的观点的论据，同时选取不利于对方观点的论据，于是就顺利开启了诡辩之门。

例如，我要证明"人性本善"，我可以找到无数支持性的例子，同时忽视那些反例。比如我会举出富人们做善事，穷人们也做善事，中产阶级也做善事，男人做善事，女人做善事，甚至杀人如麻的罪犯也做善事……但如果有人坚持认为"人性本恶"，也能找到足够多的实例，比如大多数种族在文明的发展过程中都犯过屠杀之罪，乃至于到了今日，种族仇恨依然是威胁人类生存的最重要的因素之一。比如把子女当作自己的生存和情感工具，对子女自身的幸福漠不关心的父母实在是不少见。

人类生活中的多数争论，都陷入了某种僵局：一部分人坚持某种立场，然后努力寻找支持这个立场的例证，站在反方的那些人，则是努力寻找反驳这个立场的例证。这就使得信息的交流维持在争吵的状态，甚至沦落成一种语言上的斗殴，以至于不能对任何问题进行稍微深入一点的思考。这使得很多议题长期停留在一个原始的水平上，没有任何进展。

如果我想要证明"人性本善"，面对那些反例，我可以提出"恶不是人的本性，而是人性被扭曲所致"这个假设。然后我就不得不去为这个假设寻找依据，这其实很难，仅证实这一件事就可以成为我毕生的事业。我不是这个方面的研究者，所以我只好说：我只是提出了一个假设，我也不知道人性本善还是本恶。

人世间每一个看似小小不言的假设，都可能需要经过一番锲而不舍的研究方能一辨真伪。那些流于表面的争论——拿出有利于自己的证据，抛出不利于对方的证据——无非是思维上的偷懒。这种偷懒实在太普遍了。

坚持"我不赞同你的观点，但我保护你说话的权利"这种态度也是不够的。如果没有有效的沟通，即使做到了"保护别人说话的权利"这一点，各说各话的状态并不能够带来深入的讨论和真正的交流，智识的发展也就无从谈起。我认为，争论的求真原则是：提出支持自己观点的证据，也要提出可能不支持自己观点的证据，不但要看到不支持对方观点的证据，也要看到支持对方观点的证据。其实表面上看似不可调和的两种观点，经常在深入探究之后可以找到并不矛盾的深层逻辑。例如，关于人性本善还是人性本恶这个争论，最终要探索一个深层问题：何谓"本"？

本章所探讨的"智识"有一个相近的西式概念——批判性思维（critical thinking，也被翻译成"审辨式思维"）。批判性思维的研究者主要聚焦于有效的推理思维，这个概念并不能涵盖智识的全部内容。尽管如此，把批判性思维看成智识的支柱是恰如其分的。在本章结尾，我向读者推荐几本关于批判性思维的书：摩尔等人的《批判性思维》（原书第12版）[1]、戴默的《好好讲道理：反击谬误的逻辑学训练》[2]、布朗等人的《学会提问》[3]等。

---

[1] 布鲁克·诺埃尔·摩尔, 理查德·帕克. 批判性思维（原书第12版）[M]. 朱素梅, 译. 北京：机械工业出版社，2021.

[2] 戴默. 好好讲道理：反击谬误的逻辑学训练（第7版）[M]. 刀尔登, 黄琳, 译. 杭州：浙江大学出版社，2014.

[3] 尼尔·布朗, 斯图尔特·基利. 学会提问（原书第12版）[M]. 许蔚翰, 吴礼敬, 译. 北京：机械工业出版社，2021.

勇气就像一枚钱币，它有两面，一面是坚持，坚持良知和良心；另一面是接受，接受所遭受的痛苦，接受发生令人畏惧的负面后果的可能性。

　　当自我具备足够的勇气时，他就不是本我、超我和现实的仆人，而是更像一个领导者，有智慧，能审时度势，既面向未来，也了解历史。

第 6 章
自我的成长
勇气和节制力的发展

Chapter 6

根据弗洛伊德对人格的定义，本我趋乐避苦，贪生怕死，是个冲动的享乐主义者。㊀超我用"应该－不应该"制约着本我，以免它做出令人内疚后悔之事。自我则在本我的冲动、道德的要求和客观现实之间竭力斡旋，是本我、超我和客观现实这三个主人的仆人。所以在弗洛伊德眼里，自我是不太有力量的。

当一个人的自我的力量比较薄弱时，他容易被各种内在冲突推来搡去，过度依靠防御机制来保持心理平衡。例如，一位在比较传统的文化环境中长大的男性，他的超我告诉他应该孝敬父母，但是他小时候没有得到来自父母的足够的关爱，他本能地不想亲近父母。这时候，他的超我和本我发生了冲突。当这个人按照超我的原则行事时，他的本我会不满，他可能会有种种怨言甚至变得愤怒。当他按照本我的需要去远离父母时，他会受到超我的谴责，感到内疚。所以当他表达对父母的关心时，他的自我就启动一些防御机制，比如压抑本我的需求，甚至表现得格外孝顺，看到那些"不那么孝顺"的人就义愤填膺。当他按照本我的需要远离父母时，自我就帮本我找各式各样的借口——比如工作繁忙或者

㊀ 弗洛伊德.自我与本我[M].林尘，张唤民，陈伟奇，译.上海：上海译文出版社，2011.

路途迢远——以免遭到超我的谴责。这个人的自我一会儿被超我所说服,一会儿又被本我所左右,夹在中间疲于奔命。另外,还有冰冷的客观现实摆在那里。一个想尽孝的人,可能发现自己的精力与时间都有限。一个想逃脱尽孝之责的人,也可能发现自己的父母老病,无法不去照料。

总之,按照弗洛伊德的看法,自我势单力薄,像是一个被三口之家所雇用的过于温柔的保姆:她需要努力满足每个主人的口味,当三个主人起冲突时,在他们中间调停、妥协、打掩护,所以经常会像哈姆雷特那样犹豫不决。她没有威信去令行禁止,她做出的选择和决定也往往被草率地推翻。

弗洛伊德之后的一些精神分析学家对于自我的力量有更多的肯定。他们提出,自我力量(ego strength)较为强大者,拥有较好的情感忍耐力(affect-tolerance),能够承受强烈情感的冲击而不崩溃,也不会过度使用防御机制。另外,痛苦忍耐力(pain tolerance)和压力忍耐力(tension-tolerance)也是自我力量的体现。

从以上的描述和定义中我们能够发现,精神分析学家所提出的"自我力量"这个概念,与"勇气"这个概念的含义是相似的。我们不妨这样定义勇气:勇气是一种选择和转变的能力,它是对人类趋乐避苦的原始本能的调整能力,也是对心理冲突的超越能力。勇气就是根据现实和智慧的判断去为所当为的一种自我力量。

概言之,勇气就像一枚钱币,它有两面,一面是坚持,坚持良知和良心;另一面是接受,接受所遭受的痛苦,接受发生令人畏惧的负面后果的可能性。

所以，当自我具备足够的勇气时，他就不是本我、超我和现实的仆人，而是更像一个领导者，有智慧，能审时度势，既面向未来，也了解历史。这个领导者对于现实的理解也不是僵化的，而是能尝试引起改变。

自我与勇气

"胜败兵家事不期，包羞忍耻是男儿。江东子弟多才俊，卷土重来未可知。"这是唐代诗人杜牧路过项羽自杀地点时写的一首诗。

他劝那个已经死了一千多年的西楚霸王：胜败乃兵家常事，何不回到老家江东，召集能干的子弟从头再来？

在杜牧眼里，慷慨赴死并不算最勇敢的行为，"包羞忍耻"、卷土重来才是。

"包羞忍耻"这个说法引自春秋时期越王勾践的故事。杜牧觉得比项羽还早几百年的勾践能不被羞耻感淹没，放得下架子，卧薪尝胆，是个真男儿。其实勾践在最初失败的时候也是很绝望的，也想和对方决一死战。在范蠡等人的劝说下，他才改变了主意，向吴王夫差求和称臣。然而，项羽身边显然缺少这样的谋士。即便有，以项羽的性格，怕也未必听得进去。

慷慨赴死是需要勇气的，而能够承受得了失败的打击，在挫折中奋起，则是勇气的一种更高的形式。这种认为勇气分高低的视角并不是我所赞同的，不过勇气有不同的类型，而不只是一种，这一点倒是无可辩驳的。

项羽兵败自刎，要克服对肉身痛苦的畏惧，这需要极大的勇气。那么，"包羞忍耻"又要克服什么呢？怕被别人嘲笑，怕被别人看低，怕自己在别人眼里是个失败者。这种类型的害怕，和我们对肉身痛苦的害怕一样，源自人类的生存本能。正因为我们害怕肉身的痛苦，我们才会回避各种危及生命的风险；正因为我们害怕被社会抛弃，被他人嘲笑，我们才会注意自己的言行，努力与人礼尚往来，维持和谐的关系。

然而，我们又经常会走到一种极端：如果我们只是受本能的害怕所驱动去生存，于人于己都未必有利。一个生了重病的人害怕打针和手术，等待他的可能是更糟糕的后果。一个害怕被社会抛弃的学者不敢在科学问题上说真话，结果可能是许多人遭到伪科学的伤害。

克服身体的痛苦和克服对社会排斥的畏惧，哪一个更困难一些，这恐怕因人而异。项羽不怕肉身的痛苦和死亡，但是他觉得作为失败者回乡，是万万不可接受的。

我们人类更倾向于把"勇敢"二字赠予那些不怕肉体痛苦的人。

其实人际的压力经常不亚于肉体的痛苦和危险带来的压力。很多人宁愿选择一死了之，也不愿意忍受来自他人的羞辱和蔑视——哪怕这种忍耐是有价值的。

我联想到了美国作家霍桑的小说《红字》的女主角海丝特。她与当地的牧师生下了私生子——这在北美殖民时期算是一件极大的丑闻。海丝特被判通奸罪并锒铛入狱，出狱后还要身穿绣着红色字母"A"（adultery 的首字母）的衣服生活于市井间。在这种境况下，她还能与人为善、自食其力、抚养女儿，这是需要巨大的勇气的。

勇气的类型

美国的哲学家丹尼尔·普特曼（Daniel Putman）把勇气按照它所克服的对象分成以下三种：

- 生理勇气——不怕身体的伤害而去做个体认为自己应该做的事情，比如战场上的士兵、救火的消防战士。
- 道义勇气——不怕被社会孤立、不畏惧他人的排斥，而坚持做应该做的事情。
- 心理勇气——能战胜不良习惯，不被成瘾等心理冲动所困。[一]

按照普特曼的分类，项羽之勇可称为生理勇气。根据杜牧的批评，就等于在说项羽没有那种忍辱负重的道义勇气。在普特曼对于勇气的三种定义中，道义勇气这个概念看上去并不是无可争议的。因为一个不怕被社会孤立的人去做的事情，不一定跟道德有关。例如，在一个普遍不重视教育的环境里，一个母亲不顾邻里的嘲笑支持孩子求学读书，这件事可以无关乎道德。例如，把孟母三迁这样的行为定义为道义勇气，就显得不怎么合适。孟母可能只是想让孩子有更好的前途，而她的邻里可能觉得她这么做恰恰对孩子的前途没有帮助。所以，孟母虽然要应对邻里的嘲笑，但她所要坚持的是自己意见的正确性，并不是这个意见的正义性。

[一] PUTMAN D. 心理勇气 [M]. 訾非，田浩，译. 北京：中国轻工业出版社，2009.

如果把道义勇气改称为社会勇气，就可以避免普特曼的定义困境。生理勇气、社会勇气、心理勇气，这三类是根据勇气要克服的东西来定义的。生理勇气要克服的是生理上的痛苦；社会勇气要克服的是社会排斥带来的痛苦；心理勇气要克服改变习以为常的行为带来的痛苦。

如果我们根据勇气所要达成的目的——而不是勇气所要克服的东西——来对勇气进行分类，我们可以把它分成两种类型：良知勇气和良心勇气。㊀良知勇气推动一个人坚持实事求是的精神，不为了避免痛苦而曲解现实；良心勇气推动一个人坚持做正义的事情，坚持凭着良心和道德感去判断和行动。

再来看前面的例子，在一个普遍不重视教育的环境里，一个母亲认识到教育的重要性，坚持让孩子获得求学的机会，就体现了良知勇气。做这样的事情，可能要克服来自群体的否定与嘲笑所带来的痛苦，也可能要克服经济上的压力所带来的身体劳作之苦，以及因为改变既有的生活习惯而要承担的痛苦。这三种痛苦，分别是普特曼提出的社会勇气、生理勇气和心理勇气所要克服的东西。所以，良知勇气要达成的目的是符合良知，要克服的内容则可能包含了普特曼所归纳的所有三种类型的勇气。

从岳母刺字这则故事中则能看到良心勇气的面貌。面对民族的存亡危机，一个母亲要克服周围亲朋好友的舆论压力，要克服因"母子连心"带来的感同身受的痛苦，要克服对天伦之乐和对

㊀ 訾非.感受的分析：完美主义与强迫性人格的心理咨询与治疗 [M]. 北京：中央编译出版社，2017.

幸福的期待，支持孩子去为更多的人的利益奋斗，以达成良心道义所指向的目标。

再如，文艺复兴时期的医生维萨留斯通过解剖研究发现，人体的血液流动并不像古罗马医生盖伦所说的那样从骨髓里向外发散，而是一个循环系统。尽管盖伦是古罗马医学之神，但是维萨留斯敢于相信他自己亲眼看到的真相，敢于把真相说出来，最终也因此失去了生命。维萨留斯坚持实事求是，要克服对心理、社会和生理的伤害的恐惧。

维萨留斯曾经是盖伦医学理论的坚定追随者，但是当他通过解剖实践发现盖伦的理论里有大量不符合事实的错误时，他要承受心理上的"理想化破灭"带来的痛苦，坚持自己亲眼所见的真相。这是心理勇气的体现。

维萨留斯坚持说出真相，这在他生活的那个时代是要冒生命危险的，因而这也是对生理勇气的考验。在那个时代，哥白尼都不敢在生前发表他的"日心说"。在这一点上，布鲁诺有维萨留斯的前车之鉴，依然坚持他所认为的真理，则更有勇气。

至于社会勇气，否定大多数人理所当然的对世界的看法，总是会招来同行的批判和舆论的羞辱。

因此，从勇气要成就的目标来看，可以把它分成良心勇气和良知勇气两种类型，从勇气要克服的东西来看，又可以把它分成社会勇气、生理勇气和心理勇气。每个人面临的勇气处境大致不外乎这两个维度的组合。

拓展阅读

关于心理勇气

在普特曼看来，在现代社会，克服不良习惯所需的心理勇气具有重大的现实意义。毕竟如今多数人在多数时候不用面临生死存亡的重大考验，而是更多地受困于烟草、酒精、博彩、网络、影视、手机、美食和舒适的环境，很需要鼓起勇气与这些东西保持一定的距离。

得益于科技的发展，如今人们需要克服的生理痛苦越来越少。在教育和管理方面，身体上的惩罚已不得人心；体力工作的风险和难度在不断下降，而且越来越多地被机器所取代；疾病和生育的痛苦因医药技术的发展而得到越来越好的控制。于是人们面临的痛苦更多的是来自心理层面和社会层面的。临床心理学从其产生伊始，所关心的主要就是心理层面的痛苦。

不过心理勇气在应对心理痛苦方面所承担的角色并没有得到临床心理学的创始人弗洛伊德的足够重视。弗洛伊德在晚年承认自我的功能对于避免神经症症状的发生至关重要。安娜·弗洛伊德和埃里克森等人继承了弗洛伊德的这个思路，创立了精神分析的自我心理学流派，更是把自我力量看成一种重要的心理能力。后来的临床心理学家，例如罗洛·梅[一]、弗洛姆[二]、科胡特[三]等人则更为直接地意识到了勇气对于心理健康的重要性。

一个最能帮助我们理解心理勇气的例子，是改变自身习惯所

[一] 梅.创造的勇气[M].杨韶刚，译.北京：中国人民大学出版社，2008.
[二] 弗洛姆.论不服从[M].叶安宁，译.上海：上海译文出版社，2017.
[三] KOHUT H.Self psychology and the humanities:reflections on a new psychoanalytic approach[M].New York:W.W.Norton&Company,1980.

需要的勇气。

改变既有习惯的过程是痛苦的。对于一个烟民，减少抽烟的数量会让他心烦意乱；当一个"老好人"试着拒绝别人的不合理要求时，内心是动荡煎熬的；让一个总爱苛责下属的领导试着看到下属的优点、鼓励和赞美下属，是勉为其难的。

当一些习惯给我们带来难以割舍的好处时，我们的内心往往对它们珍若拱璧，即使改变这些习惯的必要性显而易见，也会觉得放弃这些习惯等于放弃它们带来的美好感受。

具体地说，改变自身习惯要直面的是两种痛苦体验：①改变旧习惯后对新的行为方式的不适应；②因为要放弃旧习惯而不得不放弃与旧习惯相伴随的美好体验。

改变旧习惯后对新的行为方式的不适应，来自变化带来的生理、心理、现实处境的种种挑战：放弃成瘾行为带来的难受感、承认别人的长处可能引起的对自尊的挑战、因拒绝别人而产生的对来自他人的不满的担心、不确定性诱发的不安和焦虑……即使改变旧习惯能够消除与旧习惯伴随的负面感受，这种获益也未必足够推动我们去尝试新的行为。一方面是因为新的行为最初会带来不适应，一方面是因为人们会想象新行为背后的不确定性和潜在的灾难。

改变旧习惯时需要放弃的与旧习惯相关联的美好体验也是多种多样的：成瘾物质带来的快感、找到别人的弱点和错误时体验到的优越感、被人由衷地赞美时感到的欣喜、事事顺遂带来的掌控感和全能感……

心理勇气在很大程度上意味着在有必要的时候，敢于暂时把某些感受放在一边，而不是做感受的奴隶。

第6章 自我的成长：勇气和节制力的发展

（1）敢于放弃

勇气经常和进攻式的行为联系起来，"勇"和"进取"仿佛成了一种固定的搭配，其实有些时候，撤退可能更需要勇敢。

如果要找一个最具有放弃精神的例子，我认为非范蠡莫属。辅佐越王勾践实现复仇计划，打败吴王夫差之后，他在政治生涯的顶峰选择了退隐。他在退休生涯中经商谋生，三次成为巨富，又三次散去家财。这种功成身退的勇气是道家精神的完美体现。

在我看来，领导美国独立战争的乔治·华盛顿在这方面都未必可与范蠡比肩。华盛顿在担任两届总统之后急流勇退，可以说是现代民主思想发展的结果，也是顺应时代潮流的表现。范蠡所生活的时代乃春秋晚期，正是群雄逐鹿，男人们都野心勃勃的年代。至于权力需要受约束的概念，根本不是那个时代的主旋律。

放弃巨大的权力和财富自然需要巨大的勇气，这对任何人而言都是不小的挑战。那么如果需要放弃的是看上去不那么大的事物，或者仅仅是一个不那么好的习惯呢？

有些看上去小小不言的事物，对于一个人可能有着莫大的象征意义——所谓"敝帚自珍"便是对这种现象的描述。我们或许没有巨大的权力或者财富，但可能收集了很多"瓶瓶罐罐"，把生活和心理的空间塞得满谷满坑，一件也不肯放弃。有很多习惯就属于这样的"瓶瓶罐罐"。

自从有了智能手机和社交软件，很多人的生活节奏都被打乱了。在入睡前刷短视频或者玩游戏直到深夜还欲罢不能，成了困扰一些人的积习。他们并不希望自己的作息被手机和社交软件所左右，然而虽屡屡决心痛改前非，事到临头却依旧如故。

入睡前使用智能手机和社交软件无疑能给我们带来不少快乐，

让白日里因为劳碌奔波而导致的精神上的疲惫得到了舒缓。但是它带来的快感，同其他一切快感一样，也变得具有支配性。改变这个习惯殊非易事。

对支配性的快乐构成约束的力量有三种：超我的律令（"你不应该做什么"）、来自现实的约束和本我的其他欲求。很少有人在上班的时候肆无忌惮地刷手机——像入睡前那样，这是谋生的现实压力和社会压力在起作用。如果一个人的身体突然出现严重的不适，在求生的本能驱使下，他会暂时放弃对快乐的沉溺。但是当这些律令、现实条件和其他欲求相对不那么严峻的时候，也就只有心理勇气这个调控力量了。心理勇气可以推动我们放弃对快感的沉溺。这些快感来自众多欲望的满足：性、攻击、权力、荣誉、地位、饮食、游戏……甚至自由。

（2）敢于接近自己的感受

一些人不敢远离感受，另一些人则不敢面对感受。

不敢面对感受的后果是，自我无法识别和区分感受，也难以在这个基础上调节感受。一些人深陷在不安、抑郁、拖延、冲突的状态里，或是在人际关系中，并不能很好地意识到内在的感受，被感受驱使着直接见诸行动。例如，伴随着极端情绪的攻击、关爱和自怜，或者非常"理性"和"自制"的举动。有时极端的情绪和"理性自制"交替出现、互为因果。我碰到过每天（从早上6点到晚上12点）把生活、学习安排得精确到分钟的学生，但每每因为生活中小小的变动（例如到了图书馆却发现某一本教科书没有带）而情绪崩溃。当一个人不把自己当成一个可以犯错误和有时需要偷懒的人来对待时，他的大脑里的那部分人性迟早要发生叛乱。

在弗洛伊德看来，精神分析疗法最重要的疗愈因素就是用理性之光照耀理性之外的那部分人性——潜意识。但是弗洛伊德所谈的理性,并不限于逻辑分析,还包括自我观察能力。当代的心理咨询和心理治疗工作比以往更加强调不带评判的观察对于心灵成长的意义。这种观察需要一种既不回避又不纠缠于感受的超脱的勇气。

(3) 敢于快乐

患上抑郁症的人经常有一种典型的心理反应:自罪自责。自罪自责者内心有一个苛刻的批判者,不断地挑自己的缺点,谴责自己。为了应对这个严苛的内在批判者,这个人可能努力去做一个谁都不得罪的"好人",或者过分努力地工作。他可能觉得休息和享受生活都是堕落的表现,"自我感觉良好"是很不正确的状态。对于自罪自责者,寻求快乐反倒需要勇气。

有些人有勇气面对现实生活里对他刻薄寡恩的人,但在面对内心里那个苛刻的批判者时却诚惶诚恐,"紧张得抬不起头来"。现实中有血有肉的人,即使带有一定的迫害性,其威慑力始终有限。内心里那个苛刻的评判者更像是一个虚拟的神,他似乎有充分的理由对一个自卑的人吹毛求疵、提出极端的要求。

也有些人是因为害怕失控而不敢快乐。有一个被别人视作"工作狂"的人承认说,如果他周末不加班,而是放松下来,去享受一下生活,周一他就特别不想去工作了。"只有一直绷紧工作的那根弦,才不会因为放松下来而很难再次启动自己去忙碌。"所以于他而言,自律意味着毫不放松,而一旦放松下来,就"管不住自己"了。

不过我也看到过另一种情况:有些抑郁者采用追求快乐的方式去遮蔽痛苦的感受,虽然他们表现得开朗、乐观,但他们深层的体验却是失落和沮丧的。勇气绝不等同于外显的积极乐观，而是在智识和良心指引下的尝试与面对。

（4）敢于跳出既定的安排

父母对孩子的希望层出不穷，"我希望孩子能够这样……""我希望孩子能够那样……"

如果孩子的成绩不够优秀，父母就希望通过各种办法提高孩子的成绩，助其考上重点中学或大学。如果孩子不怎么喜欢跟其他人交往，父母就希望能让孩子变得活泼、外向，最好能变成一个"万人迷"。如果孩子二十七八岁还没有男朋友或者女朋友，他们希望通过种种手段，让孩子走入婚姻殿堂……总之，父母觉得他们为孩子安排未来是理所当然的。许多父母希望给孩子安排一条非常确定的路线，就像一本已经写成的书，它的结尾是什么样的，都有一个完美的设计。

除了父母，各方面的权威也有类似的倾向。中学老师理所当然地认为学生都必须最大限度地开发学习潜力，以便能考上"他们能够够得着"的大学。大学老师要为学生毕业后的就业负责。研究生导师要为学生的工作甚至婚姻负责。

在这样一个时代，每个人从小都被过度地关注了。

我遇到过这样一个例子：一个孩子在上幼儿园的时候，他爸妈就已经给他买了养老保险。然而，孩子在这种情况下会感觉到人生好像只是一条已经确定的路，一眼就可以望到头。当他什么都有、什么都确定的时候，他就容易感觉生活是没有意义的。

每个人都是被命运安放在各自的起点上，然而人类有一种来自内部的成长诉求，总想要突破命运的限制，走一条属于自己的路，但这是很需要勇气的。

儿女跳出既定的安排需要勇气，父母的放手，相信儿女自身的能力，则更需要勇气。在每个家庭中，都涌动着一种主流的心态，或者是勇气，或者是怯懦。有勇气的家庭帮助每一个成员成为他自己，怯懦的家庭则把每一个成员牢牢地捆绑在一起。

（5）敢于适度

有个30岁的男性A，在与相亲对象第一次见面时，就送上价值千元的耳坠。另一个28岁的女性B也做了类似的事情：她给第一次见面的相亲对象买了一套昂贵的贴身内衣，价值数千元。

这两个人的逻辑是一样的：自己付出的越多，表现出的热情越大，就越有可能赢得对方的好感。

很不幸的是，他们的这种做法吓跑了一个又一个相亲对象，而那些愿意和他们试着处一处的，要么贪图钱财，要么也是分寸感比较差的人。两个分寸感差的人走到一起，那结果必然是"友谊的小船说翻就翻"。

A和B在学生时代都是成绩极其优异的人，从名牌大学毕业，找到了收入丰厚的工作。他们在过往的生活中习得的基本价值观就是："越努力越成功""付出越多，越能得到他人的认可"。

他们工作以后也是鞠躬尽瘁，由此带来的成功也就顺理成章了。但是碰到关系问题，这种多多益善的态度每每事与愿违。总想多做一点什么以确保成功，这是长期处于竞争状态的人容易养成的心态。面对竞争，更努力、更周全、更出色，从而战胜对手……然而，好的关系多数情况下与竞争无关，反倒更需要适度、适可而止、恰到好处、将心比心、倾听和共情。

在日常生活中，比之于"多多益善"，适度其实是更为普遍适用的处世原则。我们烹调的时候，会在食物里加入适量的盐，绝不会以为盐越多越好。我们的一日三餐讲究荤素搭配、冷热适中、营养均衡多样。穿衣打扮，绝不是越厚、越薄、越严、越露、首饰越多越好，而是应该与场合、天气、风俗相符合……

需要遵循"适度原则"的地方，原本比比皆是。然而，出于种种原因，适度原则一次又一次地被极端原则所蚕食和取代。人们寻求"最好"的教育，要考上"最有名"的大学、追求"最舒适"的生活、创造"最繁华"的街区、饲养"最高贵"的宠物、保持"最完美"的身材……

单说教育领域，我们中国人原本奉行因材施教的理念：聪明好学者可以去做读书人，厌学好动的大可去谋别的营生。家长绝不会在十七八岁的孩子面前动用家长的威严逼他们考学。如今不论是教育工作者还是家长们，大都形成了"小车不倒尽管推""多考一分，干掉千人"等狂热信念。

适度原则遭到蚕食，固然不能都归罪于某个个体——在资源稀缺或生存的多样性被压缩时，单向度的竞争自然会变得激烈，从而催生狂热信念——但也正是在群体心理普遍失衡的情况下，勇气才显得弥足珍贵。

我们能够发现，那些抽象的需求最容易诱发极端原则侵蚀适度原则的情况。例如求知的需求和审美的需求。虽然老子在两千多年前就指出"知者不博，博者不知"，人们依然越来越希望通过拥有最大量的碎片化知识以及书本知识来获得智识上的提升。在审美方面，对好的艺术的追求最终演化成远离饱含生命体验的文字、图片和声音，或者把旁征博引、"掉书袋"奉为高雅的标准。

面对那些基本的需求，例如生理的需求和安全的需求，人们大都能保持适度原则。最喜欢甜食的人也不可能无止境地接受越来越甜的食品，喜欢咸味食物的人更是如此。我们在高速公路上开车，多数人一定会保持适当的速度，因为过快或者过慢都增加了车祸风险——死亡的威胁让我们不敢过于飘飘然。当基本需求受现实的制约时，我们不得不遵循适度原则。

及至人际关系和感情，"多多益善"的心态可能经常跳出来越俎代庖，例如上文里 A 和 B 在寻求亲密关系时的做法。在这种事情上突破适度原则所带来的挫折，不如在满足基本的需求时不顾适度原则所带来的痛苦那么刻骨铭心。而且在人际关系和感情方面忽视适度原则所带来的挫折也容易被归于其他原因——比如认为自己的付出还不够多或者认为对方"不识好歹"。于是敢于面对真相、敢于适度需要一定的勇气。

至于求知和审美的需求，则更加抽象、更加允许极端的态度占上风，甚至极端且完美的追求——比之于适度的追求——所带来的直接感受是更美好的。蔑视适度原则所带来的糟糕后果往往并不直接和及时。所以在这方面保持清醒，不抛弃和放逐适度原则，不被极端且完美的想法蛊惑，需要格外巨大的勇气。

勇气的实践

当一个人做出有勇气的行为的时候，很难准确地说明自己怕的是哪一种伤害。一个人做出符合良心或良知的行为，很少只需要忍耐肉体的痛苦，或者只需要克服心理的惯性并忍耐不安，或者仅仅忍受来自他人的以习俗和传统为名的指责。勇者经常面临着要同时忍耐这三种痛苦的情境。另外，我们也很难清楚地说明一个勇为之人，他追求的是良心的安宁还是对良知的坚持。

况且，不得不在良心和良知之间做出选择，也是人类经常会陷入的处境。这里我想以文化人类学发展史上一个著名的公案为例。美国人类学家玛格丽特·米德于1925年来到南太平洋的萨摩亚群岛，研究当地人的青春期发展。通过数月的研究，她报告说，虽然青春期叛逆在美国社会里是一种司空见惯的现象，但是它在萨摩亚群岛的青年中表现得不那么激烈。她得出的结论是：青春期叛逆是一种文化现象，在美国，青春期少年与成年人剑拔弩张的对立乃是由于美国文化对青春期个体的压抑。

澳大利亚学者德里克·弗里曼追随玛格丽特·米德的脚步，在萨摩亚群岛进行了3年（1940～1943年）的现场调查。弗里曼后来报告说，萨摩亚人的青春期并不像米德所描述的那样轻松自然，而是与现代社会中的年轻人的青春期一样，是一段剑拔弩张的时期。弗里曼认为，米德由于在萨摩亚群岛居留的时间太短，以及收集信息的方式不够严谨，因此得出了错误的结论。但是弗里曼直到米德去世后5年才把他的研究结果付梓出版。

玛格丽特·米德晚年罹患癌症，弗里曼知道这个情况，因而在出版自己的研究成果这件事上表现得非常不积极。他曾是米德学说的追随者，米德是他所尊重的前辈。他最有可能是出于道德感，才没有在米德去世前发表他的研究成果。

弗里曼并不缺乏良知的勇气，他长期在萨摩亚从事研究工作，了解萨摩亚人生活的方方面面，收集了大量的第一手资料，突破了米德对萨摩亚人生活的浪漫描绘，并且在20世纪80年代以后面对美国人类学界对他的苛刻否定时，坚定地发表自己的主张。

当良知的原则和良心的原则发生冲突时，弗里曼把后者放在了更重要的位置上。

好在人类学研究成果的延迟发表，对社会的负面影响并不像有些学科那么显著。假如弗里曼做的是一项关乎许多人利益的研究，比如关于环境污染问题的研究，在同样的状况下，他可能就会面临更多的内在冲突了。

在另一些情况下，我们又能发现良知和良心可以是一回事。例如在心理咨询工作中，出于良知，心理咨询师会告诉罹患躁郁症或精神分裂症等重性精神障碍的来访者，遵照精神科医生的诊断接受药物治疗是目前最可靠的治疗方案。但如果这位来访者笃信风水之术，曾经在面临生活考验时按照"大师"的方案对居所结构做出调整，数次渡过了难关，此次也想照此办理呢？作为心理咨询师，你勇敢地告知对方那不过是巧合，甚至"大师"可能有欺骗之嫌，虽然这样做表面上符合了"良知"的原则，但是考虑到来访者不稳定的精神状态和被削弱的现实感，与来访者谈论该相信医生还是"大师"，以及何谓批判性思维，恐怕超出了来访者内心可以承受的极限。此时出于良心的考虑，一定是以帮助来访者恢复正常的精神状态为最重要之事。所以心理咨询师会告知来访者的重要他人，积极寻求精神医学的诊治，但是不会与来访者在思维上去争论。这种为病人的福祉而选择"权宜之计"的做法，又何尝不是出于良知呢？

最后，回到勾践和夫差的故事，我反而觉得夫差是个更具有良心勇气的人。在勾践俯首称臣之后，夫差没有听从伍子胥把勾践置于死地的建议，这为他最终覆灭埋下了隐患。勾践虽卧薪尝胆取得成功，但是就夫差对他的那种信任而言，他是不义的。我们可以看出，在夫差身上还残留着一些古风，一点贵族精神，而他的近臣如伍子胥等人，则敏感地意识到了天下已经开始进入一段弱肉强食的丛林社会时期。

自我与节制力

在心理咨询室里我经常听到这样的故事：某人自小成绩优异，几乎把所有时间都用在学习上，从来不参加娱乐和体育活动，社交活动也尽量减到最少。在别人眼里他是个严谨、自律的人。然而，一旦考上大学，尤其在大学毕业之后，他却变成了一个重度拖延者，学业和工作都乏善可陈。他自己也经常惭愧、自责，希望改变这种缺乏动力、回避努力的状态，但总也不能如愿，似乎身体和想法两相脱节。对他的成长经历比较熟悉的人，往往也会惊讶于他自控力的丧失。

这种情况的出现，偶尔是罹患精神障碍的结果，比如在抑郁症发作并且没有得到及时医治时，人的行为可能变得退缩、迟钝。重度的抑郁发作经常伴随着脑神经等生理方面的改变，需要精神专科医生的评估和诊疗，这种情况不属于本书关注的重点。

但也有一些自律的丧失是因为失去外在的约束之后，原本看似自律的人，暴露了自律的匮乏。他之前的"自律"，其实不过是他律而已。

曹操有句著名的诗句，"老骥伏枥，志在千里"，臧克家把它表达得更为通俗："老牛亦解韶光贵，不待扬鞭自奋蹄。"事实是，现实中的老牛一定不会"不待扬鞭自奋蹄"，耕耘载荷，与它自身的生命追求并不一致,一旦主人放下鞭子,它便要伏卧道边,歇憩反刍。所谓的"志在千里"不过是诗人们在托物言志罢了,两位诗人其实是在抒发自己的志向,感叹人生的目标还没有最终实现。

自律者为自己设定目标,并且排除内在和外在的障碍去实现它。他律者也会努力排除内在和外在的障碍去实现一些目标,但他律者的目标是被他人赋予的甚至是强加的。自律者的目标,很大程度上源于这个人的性格、志趣、对世界的理解以及对未来的期待。

我并不是一个浪漫主义者,并不期待一个人人可以自律而非他律的理想世界可以变成现实。生活在现实世界里的人,不论是过去的、现在的,还是将来的,恐怕都或多或少地不得不去实现被他人赋予的甚至强加的目标。但如果一个人完全没有属于自己的目标——与自身的性格、志趣、对世界的理解以及对未来的期待有密切关系的目标——他就特别容易怀疑自己生存的意义。

在工业社会和信息社会,显然人人都需要一定的"他律",从而作为"被组织化的人"发挥生产性。但如果一个人缺少自律,当他被抛到组织之外时,就会立刻变得仿佛瘫痪了一般。

认为只需要外在的严格规训就能完成自律的培养,也许是教育界最大的迷思。学校和教师对学生的约束和要求,可以直接转化成学生当下的行动力,这毋庸置疑。由于害怕被批评、害怕落在别人后面而伤及自尊,学生们可以废寝忘食,孜孜不倦。有的学生在学校的规定和教师的规训的基础上对自己更严格一些,也就看起来更为"自律"。

然而这种"准自律"主要来自对外在奖励和惩罚的依赖，一朝外在的压力和鼓励撤除，"自律"也会随之日胘月减。所以我们能看到许多大学生在第一年挟高三的"余威"而努力，到大二大三就开始无所事事，而到大四面临步入社会的挑战，又开始振作奋发。

真正的自律是真正的自主节制力，或者说"自制力"，它是一种很难获得的人格品质，本质上是勇气的一种形式。只有在教育者尊重学生的内在需求，了解学生的性格、志趣、对世界的理解以及对未来的期待的情况下，教育者对于学生的自律的引导和鼓励，才能转化成自制力的发展，帮助学生养成真正的自律。

勇气的培养

孔子曰："夫水行不避蛟龙者，渔父之勇也；陆行不避兕虎者，猎夫之勇也；白刃交于前，视死若生者，烈士之勇也；知穷之有命，知通之有时，临大难而不惧者，圣人之勇也。"⊖渔夫和猎户为了生存，不得不去面对水底和陆地的凶禽猛兽，必须鼓起勇气克服身体上的恐惧和痛苦。在战场上，英勇是重要品质。而敢于承认命运的捉摸不定，坦然面对不幸，这是圣人的勇敢。每一种生活都需要勇气的参与才不至于踏步不前。勇气很像力气，它们都既来自先天的遗传，又有赖于后天的培养。只要不是病入膏肓之人，没有谁毫无力气，也没有谁毫无勇气。但是后天环境的影响也举足轻重，一个人可以力大如牛，也可以手无缚鸡之力。力气要达

⊖ 参见《庄子·秋水》.

到卓越的水平，需要特别的培养。勇气也一样。更值得注意的是，勇气和力气都不是一种一旦拥有就永远不会失去的财产，它在遭遇挑战的时候会爆发出来，但是会因为生活变得安逸、顺遂而慢慢消减。

如今的教育最强调知识的学习。谁能最快最准确地吸收知识并在卷面测试中表现得最完美，谁就是学校老师和家长的宠儿。勇气并不是教育的关注点，我们只有在一个学生敢于克服困难努力学习并且有所成效的时候，才会注意到这种品质的意义。很多老师更愿意发自内心地欣赏那些学习起来毫不费力，轻松名列前茅的学生。那些敢于尝试不同的方法，经常遭遇失败的挫折却总是重整旗鼓的学生，如果成绩平平，他们的勇气之可贵往往会被熟视无睹。我并不期待常规教育能够提供发展勇气的足够空间，但是我认为生活中总有培养勇气的机会。以下就是我观察到的一些勇者的成长经验。

有意引入不确定性

科技和商业的发展，使我们生活里的确定性变得越来越高。例如养儿育女这件事，如今的父母已经很难想象，人类的婴儿死亡率曾经很高，一个新生儿活到成年的概率不到50%。如今多数常见疾患都可以治愈，很少有年轻人在人生规划里把"在一两年内突然离世"作为一种可能性来考虑。一个学生在进入大学时就可能知道自己毕业后的起薪大致是多少。我们即使失业，也不至于沦为饿殍。我们出门旅行，甚至可以把在另一个国度的游历计划精确到小时。

但是确定性本身存在着一个心理上的悖论：随着确定性越来越高，当意外和不确定发生时，人的心理承受力反而越来越差。

安徒生写过一个故事：皇后为了探明一个女孩是不是一位真正的公主，在她床上放了一粒豌豆，上面垫了20层床垫和20床鸭绒被。结果这个女孩仍然被豌豆折磨得彻夜难眠。皇后用这个巧妙的方法证明了这个女孩正是公主本尊，可以做她的儿媳妇。

这个夸张的童话故事是现实生活的奇妙折射。如今的人类真有点像宫廷里长大的公主，"衣来伸手，饭来张口"。除了我们手头的那一点工作，我们似乎觉得这个世界存在的目的就是让我们幸福。

确定性的提高，也让我们反过来形成了对确定性的依赖，这种心态也渗透到了教育领域。如果培养能够"驯服不确定性"的人才（例如医生、工程师）是教育的目的之一，那么培养"害怕不确定性""享受确定性"的人算是走向了其目的的反面。

如今学生的学习活动里确定的答案太多，开放式的智力挑战太少，学习变成尽可能趋近于标准答案的竞技活动，教育体制几乎完全以此来鉴别学生的优秀与否，从而判断是否给予进一步受教育的机会。这种风格与考试制度的标准化／数字化互相强化，让教育变成一种类似于制造标准零件的工业生产过程。

科学与生活的探索，面对的是少有标准答案的世界，如果在教育中给受教育者一种印象——凡事都可以在短期内得到准确的、唯一的答案，那么受教育者就是在内化一个虚假的世界。

在心理咨询工作中，我碰到太多的优等生，完成了学业后，在工作和生活中感到迷茫。此时已经没有人出来给他们布置作业，更不会有完美的标准答案，面对不确定的人生，他们的焦虑陡然增加。那些曾经成功地应对了学生生涯的策略，在面对人生时就变得犹如方枘圆凿。他们需要重新获得一种能力——忍耐不确定性的能力。这种能力如果在学生尚未成年，尚未走出校园时就能够得到重视，对于成长而言当然更有效率。所以教育者有责任在教育中引入不确定性，展示世界的模糊性和矛盾性，以弥补如今的教学和评价体系的缺陷。

作为从这样的教育体系中成长起来的个人，也需要一个逐渐觉醒的过程，有意识地在自己的生活中引入不确定性、拥抱不确定性。

挑战心理舒适区

理性情绪疗法的创始人阿尔伯特·埃利斯（Albert Ellis）年轻的时候是一个非常害羞的人，尤其害怕和异性交流。他解决这个问题的方法是，去公园里主动找异性聊天。他给自己规定的目标是：跟100个异性谈话。当他完成这项指标的时候，他的社交焦虑得到了极大的改善。这个经验是他后来开创的理性情绪疗法的一个源头。

试想，如果埃利斯没有鼓起勇气挑战自己的心理舒适区，一次又一次地走出去，那么即使他的想法再好，疗愈也很难发生。

不过"挑战心理舒适区"这句话也容易被误用，比如一个研究宏观经济学的教授，一定要挑战自己的"心理舒适区"，突然去做短线股票交易，或者一个每天跑5千米的健身爱好者，突然跑

50千米。这些做法肯定挑战了他们的心理舒适区，然而后果不免堪忧。勇气所要实现的是良知和良心给出的目标，而被盲目的自信所推动的行为，本身是缺乏良知的，也就谈不上勇敢。

在心理咨询中，我碰到过为了让上小学的孩子将来能成为"杰出人才"，给孩子报十多个课外班、每周只让孩子休息两个小时的家长（这两个小时还是按照家长的要求在泳池里游泳）。这个家长认为，决不能让孩子有太多舒适的感觉，也不能让孩子待在自己熟悉的学习方式里。这个孩子需要时时面对各种挑战，精神一直处于紧张状态，结果刚上初中，就开始尝试自伤和自杀行为。

所以，挑战心理舒适区，有几个前提。首先，这种挑战是一个人自愿的，不是别人强加的。其次，这种挑战是基于一个人对局面的判断，他知道后果是什么。上面讲到的这个孩子，"多才多艺"并不是他的目的，把所有精力都用在上学和上培训班会导致什么后果，也不是他和他的父母所能预料的。父母的做法尽管愿望良好，但是并没有什么良知依据。

挑战心理舒适区，一定是一个循序渐进的过程。它不能变成一种不考虑可行性和现实性的教条。我们可以看到，埃利斯战胜社交焦虑的做法虽然有挑战性，但是非常可行。假如他给自己立下一个目标——几个月内成为一个演讲家，那就未免有些好高骛远。虽然给自己设定极高的目标也可能是一个人发自内心的愿望，但就培养勇气这个话题而言，经常适得其反。有时候克服自己的怯懦——例如在公园里主动和陌生人交流——要比立志实现一个宏大的愿望能更有效地培养勇气。

和有勇气的人在一起

在观看电影时，影片里主角的气质、态度能够影响到观众。一部关于英雄的电影，会让观众也暂时感染上几分英雄气概。当然这种影响很短暂和表浅，散场之后，当我们行至街上的第一个十字路口时，就又回到了那个软弱、怯懦的自己。

但这个现象至少说明，勇敢是会传染的。电影里的英雄人物的生活离我们的处境很遥远，而且电影的表现方式比较夸张，很难对我们有持久的影响。那些与我们朝夕相处的人，对我们的影响会更持久，他们的某种性格特点可能变成我们人格的一部分。

上文谈及自体的成长时，介绍了科胡特的理论，他认为理想化、镜映和孪生移情对自体成长起到了关键的作用。这三种移情其实对于自我的成长一样重要。勇敢本身如果是我们的重要他人的自我的一个显著特点，或者这些重要他人对我们的勇敢行为有积极的肯定，我们就倾向于相信勇敢这种品质是好的、是值得拥有的。

正如科胡特所指出的，文化也是一种自体客体——或者说广义的"重要他人"——它对于我们的人格发展的重要性毋庸置疑。对于成人来说，文化自体客体可能逐渐取代周围他人的位置，成为心理上的主要"依靠"。

文化的一个重要功能就是塑造人的美德。积极心理学家马丁·塞利格曼等人通过长期的研究发现，人类的各种主流文化都把勇气视作美德之一。这个结论也能得到我们的直观经验的支持。中国大众耳熟能详的杰出人物，例如孔子、司马迁、岳飞、文天祥、谭嗣同……虽然他们所在的领域不同、遭遇不同，但是都具有勇敢这个品质。

当然，勇气和鲁莽是大有分别的。勇气需要智识的参与，没有智慧的勇气是鲁莽。当我们和有勇气的人在一起时，几乎必然是在和有一定智慧、爱心、正义感的人在一起。如果没有其他美德的共存，那么一个人表现出来的勇气往往经不起推敲。

培养勇气的练习策略

在培养勇气方面，我在这里提供一个由六个步骤构成的练习策略，或许某些读者会感兴趣。

这个六步练习策略的第一步是"自我提问"，它包括两个互相关联的问题：①"我希望自己在哪个方面有所改变？"②"我希望自己改变成什么样？"

勇气总是包含这两个方面，一个是需要改变的当下状态，一个是自己要达到的另一种状态。上面这两个问题能帮我们明确这两个方面的具体所指。例如，一个来访者希望自己在晚上 11 时 30 分以前可以放下手机，进入就寝状态。他对这两个问题的表述分别是：①"我希望晚上自己 11 时 30 分以后不要继续看手机了。"②"我希望自己晚上 11 时 30 分以后能够躺在床上等待入眠。"

第二步仍然是"自我提问"。问自己想要达到另一个状态的阻碍在哪里。例如，"晚上 11 时 30 分以后我要躺在床上等待入眠，会有什么阻碍？"这个希望准时就寝的来访者可能会意识到：我不想放下手机，若是放下，心里就会很难受。因准时放下手机而体验到的难受感就是他要克服的阻碍。

第三步是聚焦于这个阻碍,探索相应的对策。如果放下手机让你感到难受,就观察和体会这种感受,把这种观察和体会作为一种心理上的锻炼,鼓励自己和这种感受待一会儿。如果你没有忍住,屈服于这种感受,重新拿起了手机,那也不要自责——自责并不会增加你对这种心理锻炼的信心。只要你对这种体察保持着好奇心,在长期不断地尝试之后,就会培养出不同的感受。在这一步中,去做出改变并且坚持一段时间,就是培养勇气的关键点。

在体察感受的同时,你可以留意除了不适感,与之相关联的还有哪些想法和信念。第四步便是写下这些想法和信念并进行反思。例如,有一位称自己有"睡眠拖延症"的计算机专业人士说:"我发现夜里看手机的时候会冒出这样的想法,我一整天都在为别人工作,现在总算有点自己的时间了。更深一层的想法是,我现在就休息,明天精力当然充沛,但那也是更好地为别人工作。"心理咨询师问他:"早点休息就可以早点起来,第二天早晨岂不是也可以做一些自己想做的事情?"他说:"我早上起来精力不好,不能马上开始做我想要做的事情。等我精力调整好了,也到了要上班的时间了。"而且他说:"在上班前做自己的事情,总有一种赶时间的感觉,到点就不得不中断。"此时来访者需要聚焦的阻碍便是,如何解决早上起来精力不好,以及早上起来做自己的事要面对他所不喜欢的"中断感"这两个议题。

第五步就是在观念上做出转变。勇气指引我们改变既有的习惯,一旦打破原有的习惯,我们就需要接受一个情况:在新的做法下，有些事情的效率甚至可能不如以前。这个时候需要告诫自己：为了达成某个目标，暂时牺牲一些效率和其他利益，也是值得的。

第六步，反复强化行为。当一个人做出有勇气的行为时，他可能会体验到失控感、混乱感、不完美感。这些感受会伴随他的新行为的每一步，他需要不断尝试新的行为，反复强化新行为，与那些不适感待在一起，慢慢地，伴随新行为的感受会变得比较积极。这需要一个过程，需要不断鼓起勇气尝试。⊖

⊖ 美国心理学家詹姆斯·O.普罗查斯卡提出了"行为转变阶段模式"理论，与上文谈到的六步练习策略有相似之处。普罗查斯卡把人的行为改变过程看成这几个连续的阶段：思虑前阶段、思虑阶段、准备阶段、行动阶段、保持阶段。这个理论从改变的外部特点对改变进行了概括，与上文谈到的从内部理解的六步练习策略可以互为补充。

生于人世，我们容易怀抱一种执念——付出努力就会得到相应的回报。这种执念容易带来太多不必要的焦虑。

　　超然是一种"拿得起，放得下"的气度，是"努力把事情做好，但是如果没做好也没有关系"的态度。这种处世态度，乃是一个人的现实感充分发展的结果，也是一种勇于面对现实的精神——这个世界并不是为我们准备的完美礼物，我们自身只是这个比我们辽阔无数倍的世界的一部分。事与愿违、命途多舛，就是生活本来的样子。

第 7 章

自我的成长
超脱性与正义感的发展

Chapter 7

积极心理学的创始人马丁·塞利格曼,把"超脱性"定义为一种跳脱出以自我为中心,以更加超脱的态度来看待人生的能力。这其实是自我的一种很重要的能力。

我们不难发现,自我中心的表现,在有些人那里是追求永恒的、终极的意义,在另一些人那里,是追求美好的生活。当这两种目标变成生活的核心,当一个人盯住这些目标不放时,反而更有可能被无意义感和低幸福感所袭扰。这就是自我中心的悖论。

从以自我为中心的状态里跳脱出来最为常见的方式是保持幽默和对生活的超然态度,此二者都能化解我们对生活、对自己的过分执着。

自我中心的悖论

意义感的悖论

弗洛伊德曾有一个观点:一个人一旦追问活着的意义,就说明他的心理已经出现了问题。如果以此来衡量世人,心理健康者大概所剩无几。然而,即便是弗洛伊德本人,在生命的最后时光,也是苟活于乱世,寄身他乡,身遭病痛折磨,心受丧亲之痛,对于人性变得悲观甚至绝望。他虽然没有断言"生命没有意义",但是提出了"死本能"这个灰暗的概念,而且相信人类"回到无机状态"的本能力量是巨大的。

"人生不满百,常怀千岁忧"这话用在晚年的弗洛伊德身上再恰当不过。当一个人有了社会责任感以后,恐怕很难一直保持乐观,如果面对世风的倒退,就更会感到忧虑,生命意义感也就受到了挑战。

但是我在心理咨询工作中也确实发现,有些人的生活原本并无明显的波折,也并未在价值观的探索方面碰到过困境,却突然追问生活的意义,感到生不如死。这种情况经常是抑郁发作的征兆。这种缺乏外在压力和心理成长理由的抑郁发作,大多是生理因素在起主要作用。例如,有些人生活在北极圈之内,数月都见不到充足的阳光,食物的营养也单一贫乏,再加上个体遗传因素的原因,导致大脑内五羟色胺(一种神经递质)的浓度过低,他就有可能陷入抑郁情绪。追问活着的意义有时就是这种生理改变的后果。

不是因为生活境遇,也不是因为价值观的探索,仅仅因为大脑内部某种物质的浓度发生了变化,这个人就突然被"何为活着的意义"这一问题所纠缠。这是很多抑郁者不愿意相信的,他们觉得追问生活的意义这种思维层面的活动不能归因到身体层面的变化。

我曾经碰到不止一个这样的来访者,在抑郁发作的时候坚决反对"思考人生意义可能是一种症状"这个说法,信誓旦旦地宣称，自己抑郁就是因为突然发现人生没有意义。然而在数周的药物治疗之后，我再试图和他们谈生命意义感时，他们反而对此毫无兴趣。此时他们所关心的是未来，是一些能够带来快乐的事情。我也碰到过一些来访者，因为停药而再次陷入抑郁之中并开始思考生命的意义。

抑郁和生命意义感的关系是双向的，当人的生命意义感受到挑战（例如最亲密的人去世、最看重的事业遭受挫败）时，谁都难免抑郁；反过来，抑郁情绪会促使抑郁者陷入"生命无意义"这种感受，这也是一种真实存在的现象。

抑郁的人经常感到生命无意义，就像有强迫症的人总感觉世界是那么肮脏和危险一样。正如有强迫症的人的洁癖不能否定清洁本身的价值，抑郁者对生命意义感的执着追问也并不能消解"生命意义感"这个话题的正当性。

对于世间的任何事情，如果我们都用"它有什么意义"去拷问，似乎很容易陷入思考。一只蝴蝶的存在有什么意义？一棵树的存在有什么意义？一棵草的存在有什么意义？一个细胞的存在有什么意义？一滴水的存在有什么意义？地球的存在有什么意义？人类的文明有什么意义？宇宙的存在有什么意义？

或许我们应该承认，蝴蝶不是为了人类的审美而存在的，一棵树也不是为了给动物遮阳而存在，一滴水也不是为了解渴而存在……整个宇宙，如果说它是为了维系人类的生存而存在，似乎也没有什么根据。这样一来，当我们在理解这个世界的时候，就会有一个暂时的结论：万事万物首先是存在着的，至于它们的存在"有什么意义"，它们自身并不需要给出理由。存在先于本质，这是存在主义哲学的观点。

如果我们颠倒过来,认为一滴水是为了细胞而存在,一个细胞是为了一只动物或者一株植物而存在,我们就难免会问,人类为什么而存在?我为什么而存在?如果找不到这两个问题的答案,何为生命意义感也就变得更难回答了。

然而即便这个世界并没有那么多的"意图",随着世界的变化,细胞产生于水中,多细胞生物产生于单细胞生物之中,更复杂的生命产生于不那么复杂的生命之中,巨大的生命系统产生于非生命系统中,这种演化在一定的时空内是必然会发生的。

宇宙会变得越来越复杂,也可以说变得越来越精彩。如果一个人要在这个必然变得复杂的世界中找到他个人存在的意义,恐怕最为可行的是立一些属于自己的目标。

意义感经常和目标感联系在一起。不过目标感经常又是无意义感的来源。有个高中生对心理咨询师说,他背诵地理课本上的知识,脑中会冒出这样的想法:背诵这些知识有什么意义?他希望读大学的时候能够进入物理学系,成为同爱因斯坦一样伟大的物理学家,他觉得花大量的时间在无关的事情上是很没有意义的。

无意义感通常是一个人做着与其目标无关的事情时产生的体验。所以我们可以设想,人类这种生物之所以容易体验到无意义感,很大程度上是因为只有人类才会想象遥远的未来,把自己当下的生活与遥远的目标联系起来,而这种意图又实在太容易被挫败。

而且人终有一死,人类作为一个整体很可能只是宇宙里的过客,不论一个人给自己设定多么美好的期待,即使在实现理想的道路上成就斐然，一旦想到个人和人类的有限性，也难免会有强烈的无意义感。

但是我们也发现，即使不求助于宗教，许多人在探索生命意义的路上走到这一步，也可以活得兴致勃勃。既然尺寸之功和丰烈伟绩最终都可能消失殆尽，那么也就不必执着于自身的重要性，大可以以谦卑的态度面对生命。

一个内在平衡的人，大概是这样的：有指向将来的目标，但又不把幸福放到实现目标的将来；能够活在当下，但也不把即时的快乐和平安看成生命的全部。

所以意义感既包含当下的意义，也包含朝向和实现将来的目标所带来的意义。此二者可以相互支持，互相成全。

就当下的意义而言，它又包含个体层面和群体层面的意义感。如果一个人对他做的事情乐在其中，生活的意义不言自明。一个作家真正独自完成一部长篇作品，即使不把作品拿出去发表，他也可以乐在其中。一个徒步旅行者走遍世界，去看、去感受，这本身就是意义。一个科学家也不需要在有了重大发现之后才能体验到科研的意义感，探索本身就是充满乐趣的事情。

群体层面的意义感有赖于一个人群体意识的发展。群体意识最明显的发展阶段是在青春期开始的时候。此时的青少年开始思考自己和世界的关系——精神分析学家埃里克森提出的"自我认同感"（或称"自我同一性"）就是关于这个话题的。这个时期也是信仰开始展露的时期。所谓信仰，其核心并非信奉有神还是无神，而是个体是不是认为有比个体的存在更重要的生存意义。如果他相信这个意义的存在,他的自体就不再只包含他自己。换句话说,他会用"我们的存在"而不是"我的存在"作为背景来思考生命的意义。

当一个人把自己看成某个自过去至现在以及持续到将来的事业的一部分时,就不容易失去生命意义感。当一个人把自己认同为某一群人的一员,并且能够为这一群人而努力时,生命意义感也会油然而生。然而,这样的事业和这样的群体不会凭空出现。许多人做着一份工作,却体验不到事业感,很多人生活在人群中,却并没有体验到归属感,由此带来的无意义感自然挥之不去。

不过,当一个人考虑"我们的存在"时,也容易被群体的盲目性所裹挟。如果生活在某个群体中意味着,必须放弃作为个体的欲求、思想和理想,那么这种对个体的人的贬低即便能给一个人带来生命意义感,这种意义感也无异于饮鸩止渴。

"美好生活"的悖论

在人类的众多愿望里,恐怕没有什么比"追求美好的生活"有更大的正当性。谁不希望自己能吃饱穿暖,住在宽敞明亮的房舍里。如果有子女,谁不希望他们食甘服美,坐明堂读圣贤书,上名校。有多少人不希望一年能有一个长假去海外旅游,在异国的沙滩上晒晒太阳,悠闲度日?

然而在历史上,每一种文明的黄金时代最后都会遇到一些来自内部和外部的挑战,这种动荡并不比这个国家在攻苦食淡的草创期所遇到的内部和外部的挑战更大。但是在享受了美好盛世之后,一两次挑战却足以致使国破家亡。古埃及、古希腊的雅典、古罗马帝国等莫不如此。

美好的生活里潜藏着重大的危机，古之圣贤早就对此洞若观火，所以才会有"富贵不能淫"的教训。当人们在追求美好生活的路上走得顺风顺水时，不可不警惕其中蕴含的风险。

本书绝不是要站在美好生活的对立面来探讨人的成长和生命的意义，而是想跟读者一起看一看"美好生活"的内涵。

如果你问一个都市白领何谓美好生活，他给你描述的可能是：你已订好了机票，打算5月2日那天中午抵达某个城市，下午去这个城市最有名的景点，晚上享受这个城市最好的美食……一路顺风，万事顺遂，这是美好生活的核心。

但是假如上飞机的时候下了一场暴雨，航班取消，行程不得不改动呢？带着"万事顺遂"的美好幻想的人，碰到这种情况就会怒不可遏。而在100年前，路途迢远，颠簸劳顿是享受一场国际旅行必须承受的代价。与如今碰到航班延误就大呼小叫的旅客相比，100年前的人实在是更为成熟和坚强之人。

更快、更舒适、更确定，听起来当然美好，但是越接近你想象中的完美生活，越容易让人变得脆弱。在接近十全十美的时候，很多人容易因微小的不如意而变得歇斯底里。因为接近完美的事物在被扰乱、被打破的时候，远比不那么完美的事物在被扰乱和打破的时候给人带来的痛苦感更强烈。所以如果所谓美好生活，就是越来越舒服、越来越顺利、越来越少的挑战，那么美好生活带来的将是生理的衰退和心理上的易崩溃。

修正生活体验，需要我们拥有体验不确定和不舒适的勇气，也需要我们能够经常放下对"万事如意"的渴望,学会用"审美的"眼光去看待自己的不如意。

超脱的两种方式

幽默感

弗洛伊德认为,幽默是一种防御机制,它把被压抑的欲望和冲动用社会允许的方式表达出来。他解释说,为何幽默的内容多与性和攻击性有关,因为性和攻击性是人类最强烈的冲动,同时也是被压抑得最厉害的冲动。

民间的幽默往往与性和攻击性关系紧密,这恐怕也是我们自己对生活的观察。中国的相声艺术就是一个很好的例子。当它还是"天桥的把式"的时候,段子里的性暗示是无处不在的。后来相声在侯宝林等大师的努力下,变成一种启迪智慧和移风易俗的艺术形式。而侯宝林等大师身后的一两代相声艺术家们,干脆把相声艺术变成"调侃式的教育",这种形式离这种幽默艺术的起源和根基很远,以至于它几乎要灭绝于众多新兴的艺术形式中间。

近些年,一些相声艺术家试图让这种艺术回归民间,也在想方设法使用与性和攻击性有关的内容。

在功能上,我觉得可以把幽默分成两种:宣泄的幽默和超脱的幽默。例如,同样是与性有关的幽默,一个青年人在酒局里笑话他的哥们"尿尿超不过一米",这是在嘲笑对方的生命力不够旺盛。等他们到了老年,则互相嘲笑"覆巢之下安有完卵",这就有了善意超脱的意味，也是笑对衰老的一种豁达态度。马季先生在相声里自称自己来自"风城"，讽刺人们迷信，喜欢道听途说，听风就是雨。这虽然对他人有一定的贬损之意，但主要目的却不是宣泄攻击性，而是想通过这种讽喻的方式来引起他人的反思。再比如，"老狗学不会新招"之类的自嘲，这里面性和攻击性的暗示几乎消失殆尽。老年人觉得自己跟不上时代，觉得自己学东西没有年轻人快速，这种自知之明，是可爱且可敬的。这种幽默并不止于把被压抑下去的欲望宣泄出来，而是体现了一种豁达的心态，是跳脱出自己之外来看自己的一种能力。

脱口秀演员们善于对幼稚、轻率、盲从等人性弱点进行自我解嘲和善意调侃。与其说他们在宣泄情绪，不如说是对自恋的一种超越。

对生活的超然态度

有一个研究生，因为遭受焦虑情绪的困扰而寻求心理咨询师的帮助。但凡面临考试，他就紧张得要命，尤其在面对一些相对重要的考试时。他与人交往的时候也容易紧张不安，面对陌生人、权威和同龄异性的时候甚至语无伦次。他也经常担心自己会罹患重病，身体稍有异样就去医院检查。在那些需要与人合作的事情上，他要么不敢提出自己的想法和要求，要么在长时间的"隐忍"之后，与他人割袍断义。

这个学生参加了一门旨在改善焦虑情绪的正念训练课，教练在训练课上谈到了"超然心"这个话题。他不以为然。

他在后来的心理咨询中对他的心理咨询师说："我都是这个年

纪的人了，怎么可能超然得了。"

心理咨询师问他为什么。

他说，如果我不在意成绩，我大学就毕不了业；如果我不在意人际关系，别人就会抛弃我；如果我不争不抢，我的"饭碗"就会给别人端走。

心理咨询师这才意识到，在这个来访者眼里，超然就是放弃努力，退出江湖，脱离生活。

的确，对于一个在城市里打拼的年轻人——尚未取得财务上的稳定，"放弃努力，退出江湖"这类"超然"是不现实的。

但把超然只理解为出世，显然是一个误解。

一个努力学习、工作和生活的人，在碰到成绩不如意、工作不顺心、生活拮据的时候还能泰然处之，我们可以用"超然"去形容，如果把一个遇到挫败就放弃、撤退的人称为"超然者"，那恐怕是大谬不然的。当然，还有一种人活得风轻云淡，知足常乐，这自然也是一种"超然"，不过也许把这种生活态度称为"洒脱"更为合适。

生于人世，我们容易怀抱一种执念——付出努力就会得到相应的回报。这种执念容易带来太多不必要的焦虑。上面说的那个研究生就是如此。他觉得自己的紧张不安，乃是认真对待生活的一种标志。考试不能失败，人际关系不能破裂，机会不能错失，只有尽力维护自己的成绩、关系和机会，方能立于不败之地。然而，这种看似认真的生活态度，给他带来的却是，在做事方面严重拖延，关系经常"莫名其妙"破裂，很少有人愿意与之长久合作。

超然是一种"拿得起，放得下"的气度，是"努力把事情做好，但是如果没做好也没有关系"的态度。这种处世态度，乃是一个人的现实感充分发展的结果，也是一种勇于面对现实的精神——这个世界并不是为我们准备的完美礼物，我们自身只是这个比我们辽阔无数倍的世界的一部分。事与愿违、命途多舛，就是生活本来的样子。

公平感与正义感

有个大学生给我讲了这么一件事。他有个同学，与他同龄，不住在学校的寝室里，而是住在大学旁边父母给他买的公寓里，另外配有一辆价值百万元的豪车。这个大学生感叹说："我觉得我的努力没有价值，因为我努力的终点就是人家的起点。同样是人，真是不公平。"

这样的表述，如今我们经常能听到。随着社会的发展，人和人在物质条件方面的差距之大，有时十分夸张。有的学生一个月的零花钱比多数学生一年的生活费还要高。在这种情况下，部分年轻人觉得生活不公也在所难免。

公平感是人类最天然的感受之一，就连两千年前的思想家孔子也曾非常郑重地指出：民不患寡而患不均。

不过，人性里的公平感也有一个随着年龄发展的过程。如果一个孩子抱怨父母给他的苹果比给哥哥的小，认为父母对他和他哥哥没有"一碗水端平"，这在家庭内部的情感逻辑里是完全正当和合理的。在家庭内部,未成年的兄弟姐妹之间的公平感,就来自父母平等的对待。

但是家庭内部关系的情感逻辑与家庭之外的必然有所不同。

任何两个人相遇,都带着各自背后的命运和历史。这两个人在经济等诸多方面大概率是不同的。这种不同并不总是因为其中一方剥夺了另一方。那个日投千金的富二代的财富和这位大学生的经济拮据可能毫无关系,就像我与篮球运动员的身高不同,并不是因为我的身高被削减了并添加到对方身上的结果。(假如两者的生活现状是相关联的,例如前者的家庭财富来自对后者家庭的剥夺,那就是另外一个话题了,我这里暂且不讨论更为复杂的社会议题。)

我个人并不认为家境富有的年轻人就应该或者值得过奢华的生活。但我相信两个来自不同的背景的人碰到了一起,首先应该意识到差别乃是生活的必然现象。当然,两个原本不相干的人生活在同一个空间,就会涉及有关公平的新议题。

假如这位大学生的女朋友因为羡慕那个富家子弟的金钱而离开了他,他肯定会感到不公平——在这种情况下,他的不公平感是有几分道理的。既然大家都是年轻人,都在学习和工作,为什么有些人可以凭着能力之外的因素获胜?

面对此类问题,我作为咨询师和教师也会感到难以回答。因为在社会生活里的公平议题,与在家庭内部相比,要远为复杂。在家庭里,在多数情况下,兄弟姐妹之间在获得父母的爱与物质支持方面,平均就是公平。而社会里的公平要建立在什么原则之下，就连世界上最聪明的学者们都众说纷纭。

我作为心理咨询师愿意鼓励来访者用自己的头脑去思考，也愿意陪着他们一起探索。

在何谓公平这件事上，平均原则自身就挺矛盾的。我们看到公共场所为残障人士单独建设了大量的设施。而残障人士在人群中是少数，那么平均而言在公共设施上为他们花的钱要远多于其他人，此时我们并不会感到不公平。为了让他们获得与我们一样自由活动的权利（达到众人平均的活动自由度），我们可以在金钱上和效率上做出"牺牲"。

所以，既然为了达到某一个"平均"，可能要牺牲另一个"平均"，那么"公平"不是追求平均就能一劳永逸的。真正可行的公平追求，是我们关注那些最值得平均或者在一定程度上减小差异的地方，而不是处处试图用"公平=平均"去弥合人与人的差异。因为任何一种合情合理的平等要求，也只是世上众多合理的平等诉求中的一个，不同的要求之间是会发生冲突的。

例如在20世纪70～90年代，高考采用的是"一考定终身"的规则。1979年以前，每个高中生只能参加一次高考，不能复读。即便后来有所松动，也只允许落榜者复读。这样一来，十年寒窗的结果就体现在高考那几天的发挥了。这种给所有人相同的时间、相同的题目、相同的评价机制的考试设置，其实比运动员参加国际大赛还要残酷。

当时这种考试制度的设立自然是为了实现"在分数面前人人平等"的理念，但对于那些性格敏感、身临考场容易焦虑而发挥失常的人，这种制度反而意味着不公平——高等教育是一种职业教育，而多数职业都不需要像飞行员或运动员那样需要处变不惊的竞赛型心理素质。有些职业，比如学者、科研人员、艺术家，恰恰是细腻敏感的人做得更好。

其实，即便是对于那些发挥正常的人，不公平也并未真正消失。因为针对每个科目在总分里所占的比例，也并没有什么可靠的依据，所以经常会出现这种情况：一个数学优异的人比一个化学优异的学生更有机会进入化学系学习——因为数学总分所占的比例远高于化学。

上面谈到的那个大学生，如果在受教育的机会和人格尊严上追求平等，是可钦可佩的。如果家庭背景损害了这些平等，他的不满也合情合理。但如果在一般意义上谈平等，就不免会落入思维和行动的双重困境：通过思辨得不出何谓"真正的平等"，通过行动带来的也许是另一些不平等。

公平感是一种值得尊重的心态，它经常成为推动社会发展的动力，但认为自己所渴望的"公平"和所反对的"不公平"就一定代表正义的想法，往往经不起时间的考验。

超我发展成熟之人，不会把物质的富裕看成唯一的或者最重要的目标，而是抱有更开阔的价值追求。比之于一个认为生活就应该最大限度地拥有快乐和幸福的人，一个相信不如意和痛苦本来就该是生命体验的一部分以及相信生命价值在于自强不息的人，一定会更少地活在内在的心理冲突与纠结中。

第 8 章
超我的成长

Chapter 8

弗洛伊德把人类进行道德判断的那部分心理功能称为"超我"。超我告诉我们哪些行为是应该做的，哪些是不应该做的。那些被贴上"应该"和"不应该"的标签的行为以及行为准则，从根本上而言是来自权威的意见和社会的规范。这些意见和规范最初来自父母，其后则直接来自社会，我们接受和认同了这些意见和规范，它们就成为我们的超我。当我们违背了这些意见和规范时，就容易感到内疚和后悔，当我们做出符合这些意见和规范的行为时，就会产生自豪感和自尊感。例如，在我们当下的社会，主流文化告诉我们，人应该自食其力。如果一个生理和精神都健全的人不为社会或家庭做出贡献，而是对他人依赖有加，就会被人嗤之以鼻。在一些真人秀节目里，如果有人强调自己在含辛茹苦地抚养子女，或者在克服诸多困难后事业有成，则会被赞赏和敬爱。

弗洛伊德提出，超我遵循道德原则，而本我是趋乐避苦、好逸恶劳的，它与社会的规范经常背道而驰。如果超我过度压抑本我，让本我得不到施展的机会，就会以症状的方式表现出来，这是弗洛伊德在创立精神分析疗法的早期秉持的观点。不过待他到了老年，他合理地指出，超我和本我的冲突可能不是产生心理障碍的根本原因，因为超我和本我的不一致，在任何社会以及任何人身上都是普遍存在的。他转而认为在超我和本我之间斡旋的自我，是防止神经症产生的核心角色。如果自我的功能足够好，就能够解决超我和本我的冲突，如果功能不良，冲突就难免激烈到不可调和。另外，弗洛伊德提出，神经症的产生，和大脑的遗传素质也有关。如今的临床心理学和精神医学是支持弗洛伊德晚年的这两个看法的。只不过在经典精神分析以外的心理学领域，自我功能往往被用其他概念来描述，比如执行功能、心理理论、心智化、情绪觉察和情绪调节能力，等等。

弗洛伊德很少谈及超我的发展对心理健康的影响。在他看来，超我因其经常与本我相背而行而带来压抑和冲突⊖，所以他很少提到超我还可能对心理具有保护作用或者对心理障碍具有一定的疗愈功能。

时间来到今天，我们或许可以就弗洛伊德对超我的看法做一些修正。

首先，超我和本我总是相互冲突的吗？当我们把目光聚焦在如今的时代，我们会发现社会流行的超我准则与本我的需求越来

⊖ 在弗洛伊德开始从事心理治疗工作的时代，欧洲社会在对待人的基本欲望方面比较保守，性欲更是被看成一种不可为外人道、必须严谨地加以掩盖的东西。弗洛伊德认为，超我经常把性欲压抑到无意识中去，被压抑的性会以歇斯底里和强迫等神经症症状表达出来。虽然弗洛伊德在他的职业生涯后期修改了他对神经症的发病机制的看法，认为神经症的产生很大程度上源自遗传因素，也在很大程度上与一个人的自我功能（调和超我和本我的冲突）发展不成熟有关，但是他提出的超我和本我的矛盾作为神经症和心理困扰的一个来源，对于传统社会中的人的神经症发病机制的解释还是有一定价值的。即使在今天，在中国一些比较传统的地区，仍然能够发现一些强迫症和癔症患者有着与本我冲突激烈的超我，这虽然不是导致他们患神经症的直接原因，但至少强化了症状。

越一致。我们越来越少地听到人们因为性欲和其他的欲望而内疚，甚至我们能看到，不少人会因为自己的种种本我欲望没有得到满足而内疚。"我不应该在这么粗糙的小饭馆里吃饭，我那个同学吃一顿饭就花了三千元""那个人还没有工作就有车有房了，他的起点就是我的终点，这太不公平了"。流行文化在很大程度上鼓励欲望满足，告诉人们不要受那些清规戒律的约束。于是超我和本我在很多方面就从原来的冲突变成如今的合谋。

其次，超我只能反对或者顺从本我的需求吗？有没有可能它对本我也构成某种平衡和补偿？有时候恰恰是超我的缺失，才使得缺乏方向感的个体在本我的冲动里寻求生命意义感。

道德判断发展的阶段性

安提戈涅是古希腊戏剧家索福克勒斯创作的同名悲剧里的女主人公。她和两个哥哥都是底比斯城邦的公民，但其中一个哥哥波吕尼刻斯当了城邦的叛徒，死于与底比斯城邦的战斗。底比斯国王克瑞翁下令将他抛尸荒野。古希腊人相信死者只有被埋葬，才能魂归冥府。被抛尸旷野，显然是一件极其严重的惩罚。安提戈涅不顾亲朋的反对，在夜晚来到野外，偷偷埋葬了波吕尼刻斯。她这个行动违背了国王的法令，被国王克瑞翁下令处死。面对审判，安提戈涅说，她的所作所为是基于更高的律法，她不认为一个凡人（国王）可以废除上天制定的永恒不变的律条。

一个城邦的背叛者，死后有没有魂归九泉的权利？国王通过剥夺一个人死后的权利来震慑生者，使公民不复有背叛之心，他的这种做法的正当性来自何处？这些似乎都是很难回答的问题。

儿童发展心理学家劳伦斯·科尔伯格（Lawrence Kohlberg）在20世纪50～80年代的一系列研究为解决这些难题带来了一些希望。科尔伯格发现，人的道德发展是有阶段性的，大致可以归纳为三个阶段：前习俗推理水平、习俗推理水平和后习俗推理水平。[一]他运用了一个著名的虚构故事来考察人们的道德发展。

有位女性身患癌症，生命垂危，只有本城某个药剂师研制的一种新药能治好她。配制这种新药的成本为200元，但销售价却要2000元。病妇的丈夫汉斯四处借钱，可最终只凑得1000元。汉斯恳求药剂师，由于他妻子病危，能否将药便宜些卖给他，或者允许他赊账。药剂师不仅没答应，还说："我研制这种药，就是为了赚钱。"汉斯别无他法，某个晚上撬开药剂师的仓库，把药偷走了……

科尔伯格问阅读了上面的故事的读者：汉斯是否应该偷药？为什么？

读者的回答自然是五花八门。

科尔伯格发现，大多数10岁以下的孩子，会以汉斯会不会"遭到惩罚"或"得到好处"来判断他应不应该偷药。我们大概也能猜到孩子们会怎么说，比如"警察会不会抓他啊""他偷的时候没留下痕迹吧""至少他救了他妻子"。

[一] KOHLBERG L.The philosophy of moral development[M].San Francisco: Harper&Row, 1981.

科尔伯格总结说，10岁以下的孩子在做道德判断的时候，是以"惩罚与服从"（遵守规则是为了避免惩罚）和"快乐寻求"为导向的（以是否满足自己的需要或是否得到奖赏作为判定行为对与错的标准）。以这两种导向为特征的道德判断被他定义为道德发展的"前习俗推理水平"。

科尔伯格发现，多数人在青春期结束的时候，会达到道德发展的"习俗推理水平"。他们在考虑一件事情该不该做时，会以群体的评价和社会规范为主要依据。"他这么做很仗义""如果他被发现了，他和他家人都会很丢脸""他怎么可以违反法律呢"。诸如此类的想法是人们在青春期发展出来的道德判断依据。

科尔伯格进一步发现，少数人的道德不会就此停留在"做个仗义的好人"或者"遵纪守法的好公民"的阶段，而是会继续发展，抵达"后习俗推理水平"。

道德发展到后习俗推理水平的人固然肯定法律和社会规范的重要性，但是当某些法律和规范阻碍社会公正时，他们会致力于改变这些规范。面对汉斯该不该偷药这样的问题，处于后习俗推理水平的人会超越"是不是违法了"这个原则，去进行更加全面的思考。一方面，他们会认为偷窃是不好的行为，另一方面，他们也同情患者，觉得人的生命比金钱更重要。他们可能努力在法律和人性之间取得平衡。他们甚至可能在思考中陷入逻辑困境：如果汉斯拿走了这个药，而另一个人也需要这个药去救命，那该怎么办？他们会意识到做道德上正确的事并不容易。

回到《安提戈涅》这个故事。安提戈涅基于她所相信的更高的律法，冒着失去生命的风险去埋葬兄长，体现了她的良心勇气。

她超越了严守城邦法律这个习俗推理水平,以更高的道德推理方式来思考她所面临的挑战。索福克勒斯的这部悲剧反映了古希腊黄金时期雅典公民的道德判断所达到的境界。

如今的人会认为安提戈涅的做法合情合理。即使是一个叛徒,他的尸体也应该受到尊重。但是人类花了很长时间才达到这样的状态。在距今不到100年的1945年,意大利独裁者墨索里尼和他的情妇克拉拉的尸体还曾被意大利人倒吊在意大利米兰的洛雷托广场上示众。米兰曾是文艺复兴的重镇,伟大的达·芬奇就曾经在这里工作和生活——这使得墨索里尼的遭遇更发人深思。

我们现在会认为把一个罪人倒吊在广场上示众有违人道,认为在一个犯人额头上刺上字或者衣服上绣个耻辱的标记是不正当的,但是这种人道主义的胜利要经历漫长的过程。此外,人的道德能力的倒退也是很容易发生的事情。所以道德始终在发展、解构、建构——有时候还可能会退化。

人和人的道德发展状态不一样,当一个社会里多数人的道德发展处于某个水平时,道德发展水平偏高和偏低的人难免受到社会的排斥。如果人群中只有少数个体达到了比较成熟的道德状态,他们反而可能难以存活。前面提到的吴王夫差,他实际上比越王勾践、范蠡更富有人道主义精神,然而正是他对失败者的宽容导致了他的国破身亡。这种情况实在可悲可叹,许多悲壮的历史故事和流传久远的艺术作品都体现了这种悲剧性。从这个角度来看,"卧薪尝胆"的故事虽然励志,但是经不起仔细地在伦理尺度上进行审视。

科尔伯格认为,当道德发展达到最高阶段时,一个人会首先以人类普遍的道义，而不是以具体的法条和习俗规定，作为道德判断的依据。不过，什么才算是"普遍的道义"呢？

安提戈涅就认为自己埋葬哥哥的举动是符合神的意志和上天的律法的。但是上天的律法从哪里来？怎么确定某个做法是符合普遍的道义，还是不符合呢？

科尔伯格在年轻的时候帮助犹太人逃离德国，这个行为虽然违反纳粹德国的法律，但如今不会有人认为他应该因为帮助犹太人"非法移民"而受到制裁，而是会衷心钦佩他的善举。但是针对人类面临的有些处境，人们很难对其做出明确的道德判断。例如，在一个以市场经济为主导的社会里，贫富差距需要调节到什么水平才是合理的？是通过政府收重税的方式调节收入还是鼓励富有者以慈善的方式回报社会？有些人把富人的富有归因于不择手段和对穷人的剥夺，有些人则把富人的财务自由解释为他们更加富有创业精神和拥有勤奋的品质。这些看法各自有多少道理可言？换言之，我们能够脱离具体的人和具体的事来进行一概而论的归因吗？

即使经济学家、社会学家、心理学家和伦理学家使出浑身解数，可能也只能给出一些宏观层面的理论。那些站出来义正词严地批判或歌颂某些既定的规则或理想中的规则的人，其情可嘉，其理却往往不可靠，其方法经常带来始料不及的糟糕后果。

这也是为什么在心理咨询室里，当心理工作者碰到那种认为自己掌握了绝对的真理，对于自己的超我笃信不疑的人时，会觉得给这样的人做咨询工作绝非易事。

道义内容的相对性：文化和亚文化冲突

上一节谈到，道德判断的方式是不断发展的，从前习俗推理水平到习俗推理水平再到后习俗推理水平，越到后面的阶段，人在进行道德判断的时候就越能够考虑到生存的复杂性。道德发展较为成熟的人，判断一种行为是不是道德的，不会仅仅根据这种行为会不会受惩罚，也不仅仅根据它是否符合现有的风俗和法律，而是要考虑到更重要的因素——它是不是维护了人的尊严和权利，并以此为原则去优化风俗和法律。

一般而言，道德判断发展到习俗推理水平的人在成年人中占多数。因此在不同的文化里，人们都主要是根据习俗与法律条文来确定自己或者他人的行为是否道德。多数人在多数情况下都不考虑这些行为的前因后果就直接根据习俗或法律做出判断，产生好恶之感。例如，当我们在大街上看到一位母亲对自己的孩子大声责骂时，可能立刻心生反感——我们认为母亲都应该慈祥、应该符合温柔的人设。我们一般不去考虑或者不知道这位母亲也可能有不受她的意志控制的生理或者精神问题，孩子也可能出于生理或者精神原因把母亲推向绝望的边缘。

由于法律和习俗一般而言是概括性的，如果不考虑现实因素和具体情境，就容易忽略很多例外的情况。幸好虽然人们习惯于根据习俗与法律条文来直接判断对错，但是文明社会都会由法庭和媒体对那些有争议的行为做出更为周全的、个性化的评判。

而且习俗和法律本身会随着空间和时间的变化而变化，所谓"十里不同音，百里不同俗"就是在描述这种现象。如果一个社会处于发展缓慢的时期，通过习俗和法律的潜移默化，人们的观念的转变基本上可以跟得上习俗和法律框架的变化。如果碰到如下几个情况，文化冲突就在所难免：①当两种差别很大的文明相遇的时候；②在一种文明内部包含多种不同的亚文化的时候；③当代际之间因为所受的教育和年龄的差异等原因形成不同的代际内亚文化的时候。

文化冲突和亚文化冲突经常演变成人们内心的冲突。

我在中国北方一座城市里生活了近20年，观察到这样的现象：在城区迅速扩张的过程中，一些郊区村落在几年之内就变成繁华闹市区。伴随这个迅速的城市化过程长大的孩子，沉浸在两种大有差异的文化里——中国北方传统的农业文化和现代都市文化。这些孩子在学校和城市里接触到的是大都市的生活方式和理念，而他们的父母和家族可能比较完整地保留着北方传统的农业文化理念，并且坚定地把这种文化传承给后代。传统文化要求这些孩子在人生的重大选择方面（职业、婚姻等）听从父母的决定——即便他们早已成年。而家庭之外的文化更倾向于鼓励他们独立，在职业等方面根据能力和兴趣做出自己的选择。这两种亚文化同时影响着他们，结果一部分孩子到了成年之后内心冲突不断。当他们听从父母和家族的愿望去选择职业和伴侣时，他们周围的一些同龄人对此嗤之以鼻，而如若他们试图独立自主，他们又会体验到对家族的背叛之感和深切的不安全感。

有一位在这种复杂环境里长大的女性，她母亲要求她一定要在25岁以前结婚，而她周围的多数同学和朋友却主张在30岁之前根本不考虑婚姻之事。这两种观点都有理。她母亲告诉她，女人一生最大的成就和幸福是养育孩子并在晚年享受天伦之乐。她的同学则认为女人必须首先有自己的事业，才有可能获得一份平等的亲密关系。她在两种说法之间徘徊，不知何去何从。

这种内在的亚文化冲突有时相当激烈且令人痛苦，毕竟一个年轻人既需要来自父母和家族的认可与支持，同时也非常需要在同辈人中间找到归属感和认同感。当他生活在来自异质文化的同辈人中间，与父母及家族之间又有着深刻的代沟时，便不免体验到精神上的撕裂与孤独感。

在心理咨询工作中更为多见的内在亚文化冲突出现在所谓的"考一代"人群身上。下面是一个典型的案例故事。

26岁的艾米在南方某大城市工作。她和男朋友是大学时期的同学，现在已经相处了5年，目前正在考虑结婚。艾米的父母提出，女儿的男朋友的父母需要在那个大城市为两个孩子买婚房。但是男方的父母生活在西南某个偏远地区的小镇上，经济拮据，没有买房的经济实力。艾米的父母得知这个情况后，就要求女儿和男朋友分手。

艾米和男朋友的感情很好，听到父母的这种要求，当然颇不情愿。但是艾米的父母声称：我们都是为你好，而且如果你们婚后生活困难，不但不能赡养我们，还需要我们反过来支持你们，我们岂不是白养你一场。艾米觉得父母言之有理，她是父母的独生女，他们都是收入不高的农民，养育她属实不易。她觉得她有向父母尽孝的责任。

艾米的事情被她的室友知道了。室友对她说：你现在都26岁了，跟谁谈恋爱、跟谁结婚，完全是你自己的事。你应该为自己而活，不应该为父母而活。艾米觉得室友说得也在理，她的确也想为自己而活，跟自己所爱的人在一起。

夹在这两种意见之间，艾米内心颇为矛盾。

艾米来自内地某省一个较为偏远的农村，该地年轻人的婚姻基本上都是由父母来安排的——所谓父母之命、媒妁之言。艾米18岁以后在沿海的某大城市读大学并在毕业后留下来工作，这里的年轻人的婚恋观念则倾向于自己做主，即使父母有意参与，年轻人也大多会忽视父母的意见。

在一次心理咨询中，艾米对心理咨询师说，她觉得父母的说法不无道理，但觉得室友的话也言之有理，这让她感到纠结，不知何去何从。

一个人所秉持的文化信念构成了超我的主要内容，是他安身立命的基础。艾米觉得尽孝对于她的人生是有价值的，也觉得"活出自己"于她的人生而言是有意义的。她突然发现，"活出自己"和"尽孝"这两种信念之间居然会发生冲突——也就是超我的某一部分与另一部分发生了冲突。

当超我的内容自相矛盾时，我们就不得不反思它们各自是怎么产生并被传承下来的。

艾米的例子反映了内地农村和沿海大城市之间对于婚姻的不同看法，这涉及两种亚文化背后的逻辑。在保障有限的传统农业社会，"养儿防老""嫁女收彩礼"这类习俗，促使子女为了父母老年阶段的福祉而牺牲自己对于职业和婚姻的自由选择，他们的牺牲又由他们的下一代来回报。

在现代都市，养老由政府、社区、商业保险、服务行业共同承担，子女在这方面的压力与传统社会相比不可同日而语，而创造财富的压力则如重负在肩。只有创造财富，才能支撑起政府、社区、商业保险、服务行业。

当艾米了解到她所相信的两套相互冲突的价值观的来源时，她内在的冲突被大大缓解。至于在现实中如何解决她的婚姻自由与父母对她的婚姻的期待之间的矛盾，则需要寻求有用的对策——而不能仅仅思考哪种信念更"正确"。

即使在同一个社会内部，也会因为人们的性格差异和生活境遇的不同而发展出多个亚文化理念。例如，儒家和道家就是在同一个时期诞生的，积极进取的人更愿意接受和发展儒家的理念，愿意顺其自然、以退为进的人更赞同道家的主张。而道家后来又有庄子的逍遥避世理念，有别于老子的"以退为进"理念。在儒家观念成为主流之后，从印度来的佛教经国人改造和发展，成为另一种与主流儒家文化相抗衡的亚文化。

我们内在的性格倾向，会促使我们去选择符合自己天性的那些亚文化价值观。例如在事业方面，有进取心、喜欢冒险的人可能会赞同追求成就的价值观；随遇而安、追求安定的人则可能会选择相对保守稳妥的价值观。这里让我举个在生活中常见的例子。

詹是一个大学四年级的男生，正处在毕业找工作的阶段。他发现在就业方面，同学们可以分成两派：一派主张找稳定、安全的工作，能旱涝保收、平平安安的，最好是做公务员或者是成为规模比较大的国企的职工；另外一派则认为人要活得精彩，年轻的时候应该发展自己的潜力，而不是追求稳妥。而且这两类同学对于自己的选择都比较笃定。前一种人会说,工作只是人生的一部分,如果"朝九晚五",那么剩下的时间是自己的,可以在工作以外好好享受生活。后面一种同学则认为有挑战的工作才能培养才能和发展潜力,人生应该有所成就。

这两方面詹的性格里兼而有之:他觉得,如果选择普普通通的生活,会有安全感,不会遭遇人生的大起大落,但这么生活好像太乏味、太没有意义了;如若选择过一种有挑战的生活,他觉得自己没有把握——担心失败了怎么办。

在不够因材施教的教育环境里,这种内在的冲突会被教育所强化。如果一个人天性比较畏缩和保守,却被放到一个竞争激烈的环境里去拼搏,他就可能一方面把竞争看成唯一正当的生活,但同时又发自内心地害怕竞争。如果一个人的性格是追求安定和安逸,在主张追求成就的教育环境里,他会感到不安和自卑。

对于那些具有开拓精神的人,现有的教育环境又显得过于按部就班。以考试总分来衡量优劣的标准让学生养成小心谨慎以减少犯错的心态。在以成绩为核心评价体系的教育环境中,优胜首先意味着谁犯的错误更少,而不是谁有勇气尝试新方法和探索新领域。于是性格里的开拓精神和因为环境而内化的谨小慎微时常处于冲突之中。一个人不太属于他自己的那一部分和属于他自己的那一部分可以发展成为两个相对独立和对立的子人格。

因此,把天生较保守的人和较有开拓精神的人放到一个共同的框架里去培养,可能把这两种人的内心都塑造得满是冲突和极其紧张,他们都做不到在发展了天性的同时能够从相反的性格里汲取营养从而获得一定的内在平衡。

网络时代的亚文化冲突

如今互联网正以前所未有的速度孕育着亚文化群体和亚文化理念：兴趣相投的人打破地域和国界建构自己的圈子和制定维系圈子运作的规则；价值观相似的人通过网络相互强化价值认同；年龄相仿的同辈人在网上形成属于自己的世界观。远隔天涯的人也可能亲如一家，惺惺相惜。而身处同一个空间的人们，却可能因为年龄、兴趣和价值观的殊异，变得越来越话不投机，成为熟悉的陌生人。

亲子关系，这个曾是世间最紧密的关系，也因为互联网的存在而加速了疏离。如今把父母和子女的世界拉开距离的不仅仅是年龄、教育和各自的朋辈认同，而是更为强大的网络关系。代沟、兴趣差异、价值观分歧，都可以被互联网进一步强化。

不过我们也能观察到因为互联网的存在而带来亲子关系缓和的例子：心理学和教育学的知识通过互联网的普及，让许多父母能够更好地理解年轻一代的观念。不过这些父母本身就有着开放的心态和倾听、学习的能力，他们愿意走出熟悉的信息茧房，反思自身在思维和能力上的有限性。

网络时代的亚文化冲突还表现在它们的虚拟性和非现实性。万里之外的两个国家的战争，可以让近在咫尺的两个人因为各自支持其中一方而抱着极大的仇恨互相攻击，他们背后的同道者可能来自天涯海角，甚至互不相识。这种亚文化冲突在如今的时代是不可避免的了。至于这些亚文化冲突是否会把人们引向更为智慧和宽容的生活，有赖于人们对文化的本质的理解。如果人们依然坚定地以"我的"文化为尊，以"你的"文化为敌，那么这种文化自恋态度在本质上与网络时代以前的以地域为中心的文化沙文主义是一样的。

文化成长

上文提到，在一些快速发展的大都市，当周边郊区突然被纳入城区时，本来在传统社会中生活的人会突然面临外部文化的冲击，孩子在成长中会沉浸在两种差异巨大的文化环境里，从而产生内在的亚文化冲突。

从历史上看，例如中国的春秋时期、希腊雅典的黄金时期、欧洲的文艺复兴时期之所以诞生了那么多的哲人，恐怕与当时迅速发展变化的社会有太多的亚文化和文化冲突亟待解决有关。

当文化迅速发展分化时，每一种发展模式和生活方式的拥趸都振振有词，人们不得不去思考、辨别和选择，哲人智者不过是众多思考者中比较突出的人物罢了。

如今不论是世界还是中国，都在经历一个文化进一步多元化和文化更新的时期，个人在成长过程中很难不面对亚文化冲突了。即使是一个生活在偏远地区的人，一旦打开电视和手机，都难免遭遇异质文化的冲击。

所以，面对亚文化冲突，人们需要有文化成长的能力，也就是对文化的反思、分析和发展的能力。我们经常听到有人不假思索地声称要捍卫某种文化，他其实没有意识到这个说法是自相矛盾的。每一种文化观念、规范和习俗的产生，往往是为了解决彼时彼地的现实问题，在它们产生的时候，都是对当时的传统的变革。当我们面对属于我们这个时代的现实问题，却坚持运用古人为了解决他们的问题而创造的观念、规范和习俗时，我们似乎背叛了那些历史上的文化创造者的现实主义精神。当一种文化落到只能被传承而不能被发展的境地时，坚守它的人往往是在借助文化的认同，来达到满足自恋的目的。一群人不再以自己的创造力和创业精神为豪，而因为自己属于某个"伟大的传统"而沾沾自喜，殊不知，这个所谓的"伟大的传统"却是那个传统的外壳。

文化观念、规范和习俗有些部分是相对永恒的，有些部分只是暂时的。例如孟子在战国那种乱世里提出君子应该"贫贱不能移，富贵不能淫"，这具有近乎永恒的价值。但是孟子也提出，"行有不得者，皆反求诸己，其身正而天下归之"（做事得不到应有的结果就应该反过来寻求自身的原因，端正了自身，别人就会归向你）。这种想法经过进一步打磨，方能够作为当代人的处世之道。"你要在你自己身上找原因。"这句话给人带来的不幸，恐怕和把错误都归因于别人所带来的不幸一样多。

而且文化观念本身往往包含看似相互冲突的两面。例如儒家文化和道家文化，一个强调积极进取，主张坚韧与坚持，另一个提倡顺其自然，鼓励明智的退却与放弃。两种相互攻讦的价值观背后是不是有可以把它们统一起来的逻辑呢？例如一个大学生曾经这样描述他对这两种价值观的感悟：求学的时候需要积极进取，求爱就需要顺其自然；学习的时候需要积极进取，考试的时候就得顺其自然；获取知识的时候可以积极进取，思考问题的时候就需要有几分顺其自然（因为我们面临的大部分问题，都不可能一劳永逸地通过思考而解决）。

解决文化观念内在的冲突的过程，就是文化发展的过程。一种优秀的文化一定是一种在成长中的文化。在个体层面，人格成长一定包括他所持有的文化观念的成长，以及对文化观念进行反思的能力的成长。我们的观念随着生活阅历的增加必然发生变化和调整，那些互相矛盾的观念得以整合，以实现人格的成熟与成长。

如果我们只是被动地接受文化教条，永远"入乡随俗""做墙头草"，我们就不能从经验中学习，在启蒙中成熟。同样，如果一个人不论走到哪里，都抱着既有的一套文化体系不放，断然否认其他文化也有其可取之处，结果也大同小异。在这两种心态下，不论走万里路，还是读万卷书，都不能带来成长。

在当今时代，人格成熟的一个显著特征就是有文化差异意识。人群之间、人与人之间，甚至每个人的内心，都可能存在不同的文化或亚文化。当我们在反思自己内心的冲突、人际冲突以及群体间冲突时，我们需要意识到，有的冲突乃是文化或亚文化性质的冲突，需要从文化成长的视角去思考和解决。

上文曾提到，各种文化观念之所以能够形成，有一定的历史原因，文化观念、规范和习俗的产生，往往是为了解决彼时彼地的现实问题。但是文化价值观的产生也具有盲目性。例如在中国南宋开始流行的妇女缠足文化，持续了将近一千年之久，虽然这种习俗有其产生的原因，但其必要性从来都不存在。有些文化保守主义者相信"祖宗传下来的东西一定是好东西"，显然忘了缠足也是"祖上传下来的"。

所以，虽然对于不同文化和亚文化的宽容应该是一个基本的态度，但坚持"文化没有好坏之分"的观点又太绝对了。例如当今的文化推崇婚恋自由，包办婚姻这个亚文化就很难与主流文化兼容。对于一个想要根据自己的意愿选择生活的成年人，父母对她的命令和控制就是她痛苦的来源。

疗愈超我和超我的疗愈作用

弗洛伊德认为，超我是人们内化于心的那些社会规范，它遵循"完美原则"。超我向我们提出的要求，一般都是不容置疑的，我们需要去遵循和实现，否则我们会受到内疚的折磨。如果我们观察一下社会上流行的那些具有超我功能的观念，就会承认弗洛伊德所言非虚。例如，当我们鼓励别人，或者自我激励的时候会说："只要有百分之一的可能，就要付出百分之一百的努力。"我们也许知道谁也不可能付出百分之一百的努力，我们能付出百分之九十的努力就已难能可贵，也许做出百分之八十的努力就已无可指摘。然而在自我勉励和激励他人时，我们总要用"只要有百分之一的可能，就要做出百分之一百的努力"这么绝对的表述，很少会说"我们要尽力"，更不会说"我们一定要做出适可而止的努力"。

再比如，在谈到善恶的时候，我们经常重复的格言是"勿以恶小而为之，勿以善小而不为"。我们很少客观地说："人都会犯错误，但在大是大非方面一定不要含糊。"

所以，所谓"完美原则"，也可以说是"极端原则"。在谈及超我原则的时候，文化似乎倾向于把原则表达成一种不留余地的命令。

弗洛伊德还认为，超我督促每一个人依从文化规范而活，本我则是一大堆原始的欲望，所以超我始终站在本我的对立面，和本我构成一种紧张和矛盾的关系。如果自我不能很好地在超我和本我之间起调和作用，超我和本我的冲突就会变得严峻，心理障碍便会发生。

所以，在弗洛伊德眼里，超我是心理压力的一个来源。对于作为超我的重要形式的宗教信仰，弗洛伊德说它其实是一种集体神经症，它取代了个体层面的神经症，所以人们看似被疗愈了。他的意思是，宗教信仰并没有"治好"人们的心理障碍，它只是让大家患上同一种心理障碍，乃至于信徒们在彼此眼里都是正常的。

鉴于以上这些看法，我们可以发现，弗洛伊德对超我的心理功能持有相当负面的看法。一方面弗洛伊德承认人类社会的建构离不开超我的功能，另一方面又认为超我在个体心理层面给人带来了问题。

在弗洛伊德之后，精神分析和其他心理学流派直接聚焦于超我的研究不多，但有少数研究者在超我的意义方面给出了不同于弗洛伊德的看法。例如，精神分析师雅各布森提出，超我是有发展阶段的。我们最早的超我建立在他人的"惩罚与奖赏"的基础上。我们能看到孩子因为受到表扬而愿意分享，因为害怕惩罚而遵守纪律，这些是超我最初的样子。随着个体心理的发展，儿童逐渐内化了父母的道德原则、道德评价和道德禁忌等，他们遵从超我的要求不完全是出于害怕惩罚或渴望奖赏。我们反而能看到4岁的孩子拉住打算闯红灯过斑马线的父母，告诉父母"应该"遵守交通规则。

不过这仍然不是超我发展的最终样貌。儿童发展心理学家科尔伯格提出，超我的发展有三个阶段，前两个阶段与雅各布森的观察基本上是一致的。但是科尔伯格认为道德还有第三个发展阶段。处于这个阶段的个体不会执着于习俗和法律，而是能看到习俗和法律背后的目的，为了这个目的，习俗和法律有时候是需要调整的或者无须百分之百遵守。如果教条式地遵守习俗和法律，反而有可能损害了它们背后的真正目的，离真正的公义更远。

处于第三个发展阶段——后习俗推理阶段的超我，能够肯定本我的价值，不至于死守文化规范而排斥个人需求，不那么求完美和走极端，这就使得超我和本我之间的矛盾变得不那么紧张与难以调和。

超我的发展，是人格发展和成熟的必要组成部分。在心理咨询和治疗中，超我的成长也是心理疗愈的不可分割的一部分。

疗愈超我

在心理咨询和治疗过程中，当来访者的超我有所成长，它与本我的冲突也就有可能松动。这便是通过疗愈超我而获得人格的修复的过程。换言之，超我在形式上从以"惩罚-奖赏"为导向朝"遵守原则"再朝向"坚持原则背后的公义"的发展，是人格成熟的一个路径。

但是超我的发展，受制于一个人的生理年龄。例如，通过教育或者心理咨询，推动一个处于小学阶段的孩子去思考"原则背后的公义"就不太现实。如果教育者或者心理工作者把一个少年儿童当作成年人，期望他们在判断什么事情应该做、什么事情不应该做的时候，能充分考虑这些事情复杂的前因后果，则无异于拔苗助长。

但是即便是处于以"惩罚－奖赏"为道德判断依据的阶段或者以固守原则为道德依据的阶段的个体，在追求奖赏－回避惩罚或者固守原则时也有极端－不那么极端、完美主义－不那么完美主义之别。

如果一个 3 岁孩子的父母从字面意义上理解"小时偷针，大时偷金"，他们也许会把偷摘了邻居家树上苹果的孩子打得体无完肤，如此严厉惩罚的后果只能是给孩子带来内心的紊乱。如果一个 14 岁的孩子逃了一次课，在他父母眼里这个行为等同于一个士兵临阵脱逃，那么这个孩子可能会因此发展出对社会规则的极度厌恶。

超我或许时常受到极端和完美的诱惑，但其程度依然因人而异。即使一个人的超我没有发展到与其年龄相称的下一个阶段，它既不极端也不废弛的"足够好"状态仍然能够支撑一个人的人格完整。

超我的疗愈作用

上文谈到超我发展的停滞或者超我的严苛对人格发展的负面影响，接下来我想谈谈本书的最后一个话题：超我作为人格的一个重要成分，它的功能以及当这些功能恰当发挥时，对心灵的内在冲突的调节和疗愈作用。

在我看来，超我的功能包括三个方面：①联结人与人，形成群体；②辅助本我（自体）的成长；③在本我和现实之间做调节者。

超我的第一个功能是，联结人与人，形成群体。这主要是社会心理学关注的话题，但是这个话题从精神分析的角度也不是无话可说。我们能够观察到，由共同信仰联结在一起的人们，相互成为"孪生移情"的满足者，从而更加确信由共同信仰（或者说"核心价值观"）带来的人生意义感和归属感，人们的自体便在这个过程中得以促进和巩固。当然，超我的这个功能也是把双刃剑，有共同的信仰虽然能带来归属感和意义感，但个体也会因为共同信仰的崩塌而受到直接影响。

超我的第二个功能是，辅助本我（自体）的成长。本我由欲望和冲动构成，它们是人类生存的动力。但如果这些动力没有自我的调节和超我的约束，就会变成伤害自身的东西。教育的功能之一便是帮助本我将碎片化的、即时的、不受限制的和自相矛盾的欲望整合起来。例如，一个和父母一起逛大商场的孩子被所见之物迷得眼花缭乱，他的父母告诉他，他可以挑选一两件在价格上他们可以接受的商品。通过重复这种教养方式，孩子就可能发展出一部分自我和超我。他面对耳目之欲，会同时意识到要顾及经济现实，这是自我功能的体现。此时超我告诉本我：虽然你想要的东西很多，但是你应该有所取舍，欲望并不应该被无限满足。

超我告诉本我哪些冲动和愿望是环境允许的甚至是被推崇的，哪些是不应该的，超我的形成过程就是一个人形成羞耻感和内疚感的过程。我们日常生活中所说的某某人"有教养"，某某人"没有教养"，在很大程度上就是指这种超我功能是否得到了一定的发展。

与超我的第一个功能类似，它的第二个功能也是一把双刃剑。一个"有教养"的人，经常比一个"没有教养"的人更容易陷入难以承受的羞耻感和内疚感之中，变成抑郁和焦虑的易感人群。过分严苛的超我——它往往来自那种时刻把道德说教挂在嘴边、把日常生活变成道德课堂的父母或其他主要照顾者——反而不能塑造和引导本我，因为它总是站在本我的对立面，导致本我的需求被妖魔化。此时超我就像一位严苛的教练，他不能激发和保护球员尝试与拼搏的热情，结果球员宁愿坐冷板凳，也不愿上场去接受疾风暴雨般的批评。过分严苛的超我甚至可能反向孕育出一个"无法无天"的本我，它通过以超我作对的方式来解除心理压力。例如，一个生于教师家庭的年轻人坚决放弃学业，一个律师家庭的孩子热衷于挑战法律的边界，一个商贾之家的后代视生意为罪恶，这些在生活中时有发生的现象，折射了超我与本我的微妙关系。

超我的第三个功能是，在本我和现实之间做调节者。把本我与现实的冲突概括得较为全面的，莫过于"八苦"之说。生、老、病、死、爱别离、怨憎会、求不得、五阴炽盛，都是本我与现实相冲突带来的痛苦。现实往往难以改变，本我的欲望和恐惧也炽盛热烈，在现实和本我看似剑拔弩张的冲突中，超我仍然有工作的余地。

在第7章提到的那个大学生，看到家境富裕的同学年纪轻轻就有了自己的房产，出入有豪车代步，自然会羡慕、渴望这种富足的物质生活。但是超我发展成熟之人，不会把物质的富裕看成唯一的或者最重要的目标，而是抱有更开阔的价值追求。比之于一个认为生活就应该最大限度地拥有快乐和幸福的人,一个相信不如意和痛苦本来就该是生命体验的一部分以及相信生命价值在于自强不息的人,一定会更少地活在内在的心理冲突与纠结中。

所以诸如"富贵不能淫,贫贱不能移,威武不能屈"此类的教训,不仅仅是一种要求,也是一种疗愈。

心理学大师经典作品

红书
原著:[瑞士]荣格

寻找内在的自我:马斯洛谈幸福
作者:[美]亚伯拉罕·马斯洛

抑郁症(原书第2版)
作者:[美]阿伦·贝克

理性生活指南(原书第3版)
作者:[美]阿尔伯特·埃利斯 罗伯特·A.哈珀

当尼采哭泣
作者:[美]欧文·D.亚隆

多舛的生命:
正念疗愈帮你抚平压力、疼痛和创伤(原书第2版)
作者:[美]乔恩·卡巴金

身体从未忘记:
心理创伤疗愈中的大脑、心智和身体
作者:[美]巴塞尔·范德考克

部分心理学(原书第2版)
作者:[美]理查德·C.施瓦茨 玛莎·斯威齐

风格感觉:21世纪写作指南
作者:[美]史蒂芬·平克

积极人生

《大脑幸福密码：脑科学新知带给我们平静、自信、满足》
作者：[美] 里克·汉森 译者：杨宁 等

里克·汉森博士融合脑神经科学、积极心理学与进化生物学的跨界研究和实证表明：你所关注的东西便是你大脑的塑造者。如果你持续地让思维驻留于一些好的、积极的事件和体验，比如开心的感觉、身体上的愉悦、良好的品质等，那么久而久之，你的大脑就会被塑造成既坚定有力、复原力强，又积极乐观的大脑。

《理解人性》
作者：[奥] 阿尔弗雷德·阿德勒 译者：王俊兰

"自我启发之父"阿德勒逝世80周年焕新完整译本，名家导读。阿德勒给焦虑都市人的13堂人性课，不论你处在什么年龄，什么阶段，人性科学都是一门必修课，理解人性能使我们得到更好、更成熟的心理发展。

《盔甲骑士：为自己出征》
作者：[美] 罗伯特·费希尔 译者：温旻

从前有一位骑士，身披闪耀的盔甲，随时准备去铲除作恶多端的恶龙，拯救遇难的美丽少女……但久而久之，某天骑士蓦然惊觉生锈的盔甲已成为自我的累赘。从此，骑士开始了解脱盔甲，寻找自我的征程。

《成为更好的自己：许燕人格心理学30讲》
作者：许燕

北京师范大学心理学部许燕教授30年人格研究精华提炼，破译人格密码。心理学通识课，自我成长方法论。认识自我，了解自我，理解他人，塑造健康人格，展示人格力量，获得更佳成就。

《寻找内在的自我：马斯洛谈幸福》
作者：[美] 亚伯拉罕·马斯洛 等 译者：张登浩

豆瓣评分8.6，110个豆列推荐；人本主义心理学先驱马斯洛生前唯一未出版作品；重新认识幸福，支持儿童成长，促进亲密感，感受挚爱的存在。

更多>>>
《抗逆力养成指南：如何突破逆境，成为更强大的自己》 作者：[美] 阿尔·西伯特
《理解生活》 作者：[奥] 阿尔弗雷德·阿德勒
《学会幸福：人生的10个基本问题》 作者：陈赛 主编

欧文·亚隆经典作品

《当尼采哭泣》
作者：[美] 欧文·D. 亚隆　译者：侯维之

这是一本经典的心理推理小说，书中人物多来自真实的历史，作者假托19世纪末的两位大师——尼采和布雷尔，基于史实将两人合理虚构连成医生与病人，开启一段扣人心弦的"谈话治疗"。

《成为我自己：欧文·亚隆回忆录》
作者：[美] 欧文·D. 亚隆　译者：杨立华 郑世彦

这本回忆录见证了亚隆思想与作品诞生的过程，从私人的角度回顾了他一生中的重要人物和事件，他从"一个贫穷的移民杂货商惶恐不安、自我怀疑的儿子"，成长为一代大师，怀着强烈的想要对人有所帮助的愿望，将童年的危急时刻感受到的慈爱与帮助，像涟漪一般散播开来，传递下去。

《诊疗椅上的谎言》
作者：[美] 欧文·D. 亚隆　译者：鲁宓

世界顶级心理学大师欧文•亚隆最通俗的心理小说
最经典的心理咨询伦理之作！最实用的心理咨询临床实战书
三大顶级心理学家柏晓利、樊富珉、申荷永深刻剖析，权威解读

《妈妈及生命的意义》
作者：[美] 欧文·D. 亚隆　译者：庄安祺

亚隆博士在本书中再度扮演大无畏心灵探险者的角色，引导病人和他自己迈向生命的转变。本书以六个扣人心弦的故事展开，真实与虚构交错，记录了他自己和病人应对人生最深刻挑战的经过，探索了心理治疗的奥秘及核心。

《叔本华的治疗》
作者：[美] 欧文·D. 亚隆　译者：张蕾

欧文·D. 亚隆深具影响力并被广泛传播的心理治疗小说，书中对团体治疗的完整再现令人震撼，又巧妙地与存在主义哲学家叔本华的一生际遇交织。任何一个对哲学、心理治疗和生命意义的探求感兴趣的人，都将为这本引人入胜的书所吸引。

更多>>>　《爱情刽子手：存在主义心理治疗的10个故事》　作者：[美] 欧文·D. 亚隆